P9-BZL-957

9/99

NATURAL

Puerto Rico

natural

ALFONSO SILVA LEE

P A N G A E A

SAINT PAUL

Copyright © 1998 por Alfonso Silva Lee.
Todos los derechos reservados, incluyendo derecho de reproducción
total o parcial en todas sus formas.

*All rights reserved, including the right of reproduction
in whole or in part in any form.*

Todas las fotografías por ALFONSO SILVA LEE, con excepción
de las páginas 85, 86 y 91, cortesía de Manuel Leal.

*All photographs by ALFONSO SILVA LEE, except
pages 85, 86 and 91, courtesy of Manuel Leal.*

Ilustraciones por Román Company. *Illustrations by Román Company.*

International Standard Book Number   0-9630180-6-X

Library of Congress Cataloguing-in-Publication Data

Silva Lee, Alfonso
    Natural Puerto Rico = Puerto Rico natural / Alfonso Silva Lee. - - 1st ed.
          p.   cm.
    Parallel text in English and Spanish.
    Includes index.
    Summary: Examines the wildlife of Puerto Rico, including spiders, insects, frogs, birds, and bats, and
examines their relationships with one another.
    ISBN 0-9630180-6-X (pbk. : alk. paper)
    1. Zoology--Puerto Rico--Juvenile literature. [1. Zoology--Puerto Rico. 2. Spanish langauge materials--
Bilingual.]
    I. Title.
QL229.P6S55   1998
591.97295--dc21   98-9282
                                                                                              CIP
                                                                                              AC

Portada/*Cover:* Coquí común (endémico) y, de arriba hacia abajo, zumbadorcito (endémico), hemípteros y
orquídea "angelito" (*Epidendrum secundum*).
*Common coquí (endemic) and, from top to bottom, Puerto Rican emerald hummingbird (endemic), aphids and
orchid* (Epidendrum secundum*).*

Portada interna/*Frontispiece:* Helecho arborescente (*Cyathea* sp.). *Tree fern* (Cyathea *sp.*).

Página del título/*Title page:* Mariposa malaquita, salamanquita de Puerto Rico (endémica) y sampedrito (endémico).
Malachite butterfly, common Puerto Rican sphaero (endemic) and Puerto Rican tody (endemic).

Contratapa/*Back cover:* Calistos de Puerto Rico (endémicos), en cópula.
Mating Puerto Rican calisto butterflies (endemic).

Impreso por/*Printed through Phoenix Offset, Hong Kong*

Publicado en los Estados Unidos de América
Published in the United States of America

by

P A N G A E A

Primera Edición/*First Edition*

1998

A Juan José, amigo mío, y de las arañas

For Juan José, friend of mine, and of the spiders

Contenido   Contents

Antes de comenzar

Before we start

Puerto Rico es casa de miles de animales diferentes y una buena parte de ellos son en verdad únicos: no viven en ningún otro lugar. La muy sonora ranita coquí, el lagartijo castaño que a diario caza sobre las plantas del jardín, y el pequeño y verde sampedrito son todos exclusivos —o sea *endémicos*— de esta isla encantadora. La lista es larga, colorida, y bulliciosa. Alegra el corazón.

Son tantos los animales boricuas, que para mencionarlos a todos haría falta escribir un libro enorme. Por eso aquí sólo hablaremos de unos pocos, de los que tienen mayor tamaño, o colores más divertidos. De algunos presentamos fotografías, de manera que puedas conocer no sólo su nombre, sino también su aspecto, que es siempre de interés y a menudo hermoso. Diremos dónde viven, cómo consiguen alimento, cuánto dependen del bosque para vivir, y también cuánto depende de ellos el bosque; por qué unos tienen tanto colorido, mientras que otros visten uniformes de camuflaje; por qué hay lagartos de cola azul brillosa, mientras otros esconden en la garganta parches de piel anaranjada; por qué las mariposas

Puerto Rico is home to thousands of different animals, and a good many of them are unique: to be found nowhere else. The common and vociferous *coquí* froglet, the brown lizard that daily hunts among the garden plants, and the very green and tiny Puerto Rican tody are all exclusive—or *endemic*—to this charming island. The list is lengthy, colorful and rackety. It fills the heart.

There are, in fact, so many Puerto Rican animals, that to mention them all would require an enormous book. Because of that, we will here only speak of those of larger size, or the more happily colored. Some of them are shown in the photographs, so it is possible to learn not only their names and habits, but also to study their looks, which are always interesting and often handsome. We will show where they live, how they get their food, how very much they depend upon the forest to survive, and how the forest depends on them. You will also find the answers as to why some lizards have bright blue tails, while others have orange-colored patches of skin hidden in their throats; why butterflies have

tienen alas de carnaval; y muchos otros porqués. Conociéndolos se empieza a quererlos.

Al final del libro encontrarás un esquema con algunas equivalencias entre las unidades de medidas métricas y las británicas. A esto le sigue una lista de todos los animales mencionados en el texto, con el nombre científico al lado. Dado que los nombres comunes cambian de una región a otra, y también de una isla antillana a otra, sus nombres científicos permitirán precisar a qué animales nos referimos.

such carnival-like wings; and to many other questions. This is one way to start loving them.

At the end of this book is a diagram showing some equivalents between the British and metric measurement systems. This is followed by a list of all the animals mentioned in the text, with their scientific name at its side. Since the common names vary from region to region, and also from one Antillean island to another, the scientific name allows pinpointing which animal we are addressing.

¿De dónde vienen tantos animales?

Where did all these animals come from?

La isla boricua no siempre existió; ni tampoco el resto de las islas antillanas. Hace muchísimo tiempo, el océano la cubría por completo, y por sobre ella nadaron, cuando era fondo de mar, calamares, peces y tiburones. Cangrejos, estrellas de mar y ostras, también vivieron aquí sus más humildes vidas.

Fuerzas gigantes, del caliente y apretado interior del planeta, empujaron luego el fondo marino hacia arriba, hasta hacerlo emerger en medio de fuegos y humos volcánicos. Eso ocurrió, por primera vez, hace más de 100 millones de años. Sesenta millones de años después, cuando ya los dinosaurios se habían extinguido por completo, misteriosamente, emergió de forma definitiva. Por el planeta volaban entonces los primeros murciélagos y nadaban las abuelas de las abuelas de las ballenas de hoy. No había personas en la isla recién

▲ Coleóptero verde de antenas largas.
Green long-horn beetle.

◀ Melón de costa. Guánica.
Turk's cap cactus.

The island of Puerto Rico did not always exist; nor did the rest of the Antillean ones. A very long time ago, this piece of land was completely covered by the ocean, and over it swam squids, fishes and sharks. Crabs, sea stars and oysters also lived their more humble lives here.

Later on, the gigantic forces acting within the hot and tight interior of our planet pushed the sea floor upwards, until it emerged above the waters amidst volcanic fumes and fires. This happened for the first time more than 100 million years ago. Its final emergence from the ocean occurred at least 40 million years ago, after all the dinosaurs had mysteriously gone extinct. At that time the first bats were flapping through the air, and prowling the oceans were the grandparents of the grandparents of today's whales. There were no people on the newborn island, nor anywhere

nacida, ni en ningún otro lugar, aunque ya por aquellos tiempos por las selvas tropicales del mundo entero saltaban de rama en rama las primeras criaturas con aspecto de mono.

else, although at that time the first monkey-like creatures were already jumping from branch to branch in tropical forests around the world.

Cómo la isla se empezó a poblar

How the island became populated

Al nacer, Puerto Rico fue apenas un islote. Al principio, y por mucho tiempo después, la isla no tuvo nombre alguno. Pero la llamaremos, por adelantado, por su nombre actual, pues sabemos que después creció y se cubrió de bosques, convirtiéndose en esta tierra tibia y fresca a la vez, en un puerto . . . rico.

Desde los primeros siglos de existencia tuvo a su alrededor aguas de azul limpio e intenso, como el de una turquesa, y un anillo vivo de puro coral. En los arrecifes, que eran como selvas sumergidas, vivían caracoles nacarados, enormes y veloces tortugas con aletas en vez de patas, peces pintarrajeados como para una fiesta, y esponjas de color lila, amarillo o azul. La propia isla, sin embargo, era pura roca: por completo desierta. No crecía sobre ella un solo árbol, ni correteaba el menor de los lagartos. Tampoco había arbustos, hierbas, arañas ni ciempiés.

Con el paso de los siglos, sobre la isla desnuda fueron acumulándose los polvos traídos por el viento, y también

At birth, Puerto Rico was barely an islet. At the beginning, and for a long time thereafter, the island had no name. But we shall call it by its current name, since we know well that it grew and got covered with forests, turning into this rich port both warm and fresh . . . Puerto Rico.

During its first centuries of life, the land was surrounded by crystal-clear waters the color of a turquoise, and by a ring of living coral. In the reefs, which were like submerged jungles, lived pink pearly conchs, huge and swift turtles with fins instead of legs, fish merrily dressed up like clowns and sponges of deep lilac, yellow or blue. The island itself, however, was pure rock: completely deserted. On it, not a single tree grew nor the smallest lizard ran. Neither were there bushes, grasses, spiders nor millipedes.

With the passing of the centuries, the dust blown in by the winds and the particles stolen from the rocks by the rain, started to pile up. These same winds, and also the birds that rested on

Poco después de haber nacido —hace unos 40 millones de años— Puerto Rico quizás tuvo un aspecto similar a este.

Shortly after being born—some 40 million years ago—Puerto Rico might have looked similar to this.

el sedimento dejado por las lluvias al gastar poco a poco las rocas. Los mismos vientos, y también las aves que aquí se tomaban un descanso en los largos vuelos de un continente a otro, trajeron las primeras semillas. Otras semillas, capaces de flotar y de resistir con vida días y hasta semanas en el mar, lograron navegar hasta las playas de la isla joven. Así, en algunos rincones, las primeras plantas echaron raíces.

Los vientos extraordinarios —iguales a los de un huracán—, a su paso por el continente suramericano, cargaban

the islet during their voyage from one continent to another, brought in the first seeds. Other seeds, buoyant and capable of resisting days and even weeks soaked in saltwater, managed to reach the newborn island, and to get stranded on its beaches. In some nooks, thus rooted the first plants.

The fiercest winds—like those of hurricanes—gathered leaves and twigs, flowers and seeds, and also spiders and insects, on their path across the South American continent. Hours or days later, when their forces slacked, turning them into a light breeze, they would

hojas y ramas, flores y semillas, y también insectos y arañas. Horas o días después, cuando las fuerzas se gastaban convirtiéndolos en brisa fresca, soltaban, como lluvia extraña, su cargamento de vida. Las aves comedoras de frutos, por otra parte, despegaban del continente del sur, o del norteño, con el estómago lleno, y horas después descargaban aquí los residuos, con alguna que otra simiente intacta. Otras aves traían las semillas pegadas a las plumas o a las patas.

Ni el viento, ni el mar, ni tampoco las aves, sabían lo que hacían; actuaban en completo desorden. Muchas semillas caían al mar y se pudrían, o eran depositadas en sitios de la isla donde las raíces no podían prosperar. A veces pasaron centenares de años sin que una sola planta pudiera establecerse en la isla-bebé. Otras veces la suerte era buena, y unas pocas lograban sobrevivir y multiplicarse.

Más tarde se formaron los primeros bosquecillos. Las mariposas, las libélulas y los escarabajos que llegaron después a Puerto Rico, encontraron entonces buenas condiciones para vivir. Habían hecho el viaje por cuenta propia, a puro golpe de alas, aunque de manera involuntaria y accidental: también habían sido arrancados de su ambiente por tormentas sustanciosas. De igual forma llegaron algunas aves no migratorias, que hicieron de la isla su residencia fija. Ya poblados, aquellos bosquecillos permitieron el establecimiento de animales terrestres de mayor tamaño.

drop their load of life. Fruit-eating birds, on the other hand, took off from the southern or northern continents with their stomachs full; and hours later dropped here their residues, some seeds surviving intact. Other birds brought seeds stuck on their plumage or on their feet.

Neither the wind nor the sea nor the birds knew what they were doing; they had no agreement whatsoever. Many seeds were dropped at sea and rotted, while others were deposited in barren places with not a chance of sprouting. Sometimes centuries went by without a single tree becoming grounded on the baby-island. At other times luck was good, and a few of a kind managed to install themselves in the new surroundings, survive and multiply.

Later on, the first thickets and brushwoods were formed. The butterflies, dragonflies and beetles that later arrived to Puerto Rico then found the riches needed for survival. They had made the trip the hard way, beating their wings, though they had been pressed to fly away from their homeland by substantial storms. Some non-migratory birds arrived in the same manner and made the island their new abode. Once colonized, those first forests smoothed the way for settlement by larger land animals.

Depués de algún tiempo la isla se cubrió de vegetación y fué poblada (siguientes páginas).

After some time, the island was covered with vegetation and became populated (next pages).

La invasión grande

The invasion continues

Es seguro que muchas semillas y animales pequeños llegaron a las Antillas gracias a las aves, las olas y el viento. Incluso hoy día ellos continúan el trasiego intercontinental de simientes vegetales y vida zoológica menor.

La forma en que arribaron a Puerto Rico los animales de mayor tamaño es, sin embargo, cuestión muy discutida. Unos científicos creen que los animales atravesaron el mar a bordo de enormes balsas naturales. Otros opinan que estos animales llegaron a la isla caminando.

En época reciente se han descubierto, en mar abierto, balsas naturales cargadas de vida tropical. Éstas se forman cuando sobre la selva continental llueve con mucha intensidad. Las aguas entonces arrastran río abajo los troncos de árboles, que a veces se entrelazan formando una tupida maraña de madera, hojarasca y fango. Cada grieta y rincón de estos troncos viene cargado de insectos, gongolíes, lapas, arañas. Sobre los troncos, además, se trepan para salvar la vida lagartos, ranas, serpientes. Cada balsa resulta así un mini-zoológico flotante, y cada una de ellas tiene una tripulación diferente, dictada por el azar.

La propia fuerza de los ríos lanza las balsas al mar abierto, y éstas allí toman los más diversos rumbos, al capricho de las corrientes y los vientos de cada momento. La mayoría de las balsas demora semanas en encallar en

It is quite certain that many seeds and small animals were brought to the Antillean islands by birds, waves and winds. This unconscious intercontinental carrying of botanical seeds and minor zoological life goes on even today.

The way the larger animals reached the island, however, is much argued about. Some scientists believe that these animals crossed the sea onboard huge natural rafts. Others think the animals just walked to the island.

Natural rafts loaded with tropical life have been discovered out in the sea in recent times. These are formed when the continental jungles receive extra-heavy downpours. The flood waters then pick up fallen logs, which sometimes form thick tangles of branches, mud and debris. In these rafts every crack and cranny is packed with insects, millipedes, snails, spiders. Additionally, lizards, frogs and snakes climb onto them to save their lives. Each raft thus becomes a floating mini-zoo, and each has a different crew, one given by chance.

The rivers themselves throw the rafts into open sea and there they take the most diverse paths, capriciously dictated by each moment's current and wind. It takes most rafts weeks to reach a distant coast, which is fatal for the crew. Still others are cast by luck to barren or much too cold coasts, with identical result.

R. Clompaty

alguna costa, lo que resulta fatal para los tripulantes. A otras la suerte las lleva a orillas inhóspitas, con el mismo resultado.

Pero aquello que resulta improbabilísimo en un período de tiempo corto (una decada o un siglo) es seguro que ocurra muchas veces en el transcurso de millones de años. Es de esperar, pues, que una balsa de cada cien, o de cada mil, haya logrado alcanzar la costa boricua. Los pasajeros entonces desembarcaban, y con sus últimas energías exploraban la orilla en busca de alimento y refugio. A veces —sólo a veces— tuvieron suerte y lograron sobrevivir.

La idea de que los animales mayores hayan alcanzado las Antillas a pie, puede parecer, a primera vista, absurda. Quienes defienden esta posibilidad creen (1) que estas islas estuvieron unidas —hace 35 millones de años— al continente suramericano por un puente natural, o (2) que las mismas —en un pasado aún más remoto— estuvieron muy cerca, o incluso en contacto, con ambos continentes americanos.

Según los defensores de la primera de estas ideas, fuerzas colosales, similares a las que empujaron a Puerto Rico desde el fondo del mar, empujaron también hacia la superficie una larga y estrecha lengua de tierra. Así las Antillas quedaron conectadas al continente suramericano. El puente natural debió existir durante algunos millones de años, y, por supuesto, estaba cubierto de vegetación. Se cree, entonces, que por él llegaron a las "islas" todo tipo de animales grandes, desde boas hasta

But things that are highly improbable in short periods of time (a decade, a century) are sure to happen many times in the course of millions of years. It is to be expected, then, that one raft in a hundred, or in a thousand, did reach the Puerto Rican coast. Passengers then disembarked, and with their last energies explored the coast in search of food and shelter. Every now and then—only every now and then—they were lucky and survived.

The idea that the larger animals arrived at the Antilles on foot could seem, at first glance, absurd. Those who defend this possibility believe that (1) these islands were once connected with South America—some 35 million years back—by a natural land bridge, or (2) that the islands—in an even more remote past—were very close, or even in contact, with both American continents.

According to the defendants of the first of these ideas, some colossal forces, similar to those that pushed Puerto Rico up from the bottom of the sea, also pushed a narrow, lengthy stretch of land towards the surface. If this actually occurred, the Antillean islands were at that time in full contact with South America. This natural bridge is believed to have existed for a few million years covered with vegetation, and thus all kinds of large animals—from boas to four-legged hairy beasts—were able to reach the "islands." The lengthy tongue of land later had a fate contrary to that of Puerto Rico; instead of continuing its

cuadrúpedos cubiertos de pelos. La larga lengua de tierra tuvo luego una suerte contraria a la de la isla boricua; en vez de continuar creciendo, comenzó a hundirse más y más. Si así ocurrió, hoy sólo queda de ella una larga fila de montañas sumergidas.

Los partidarios de la segunda idea —o *hipótesis*, que es como verdaderamente se llaman estas historias supuestas— creen que las Antillas nacieron en el Océano Pacífico, y que de allí navegaron, en grupo, hasta alcanzar su posición actual. El muy probable viaje lo hicieron por una ruta corta, hoy cerrada. En aquel tiempo remoto —y hasta hace apenas unos 3 millones de años— el istmo de Panamá y la mayor parte de las tierras centroamericanas no existían. En su lugar había un mar profundo, y por él fue que las islas caribeñas hicieron la travesía. (Esto no es descabellado: se ha demostrado que no sólo se trasladan las islas, sino también los continentes. Las tierras que pisamos —San Juan, Buenos Aires, Moscú o Wellington— parecen muy firmes, pero avanzan, cada una en distintas direcciones, a razón de unos pocos milímetros cada año. A lo largo de la historia los continentes han sido grandes viajeros.)

Hay evidencias a favor de la existencia de un remoto puente, y también a favor del viaje de las islas por el mar. Pero ninguna de ellas es incontrovertible. Algunos científicos, por ejemplo, piensan que el puente nunca existió; otros consideran que las islas, en su recorrido desde el Océano Pacífico, se

growth, it began to sink more and more. Today the only remnant of the bridge is a long row of submerged mountains.

Those in favor of the second idea— or *hypothesis*, which is what these supposed stories are really called—believe that the Antillean islands were born in the Pacific Ocean, and that from there they moved, in a group, to their current, Atlantic position. The quite probable voyage was made through a short route not available today. During that remote epoch—and until just 3 million years ago—the Panamian isthmus and most other Central American lands did not exist. A deep sea was in their place, and through it the Caribbean islands made their voyage. (This is not a wild thought: it is well known that not only islands, but also the continents, drift. The lands we step on—San Juan, Buenos Aires, Moscow or Wellington— may look quite firm, but they actually move, in different directions, at the speed of about a fraction of an inch per year. Throughout their history, the continents have been great travelers.)

There is some evidence that supports the existence of a past bridge, and also some in favor of the islands' voyage across the Caribbean. But none is beyond doubt. Some scientists, for example, believe that the bridge never existed; others consider that the islands, during their voyage from the Pacific Ocean, were submerged completely several times, killing all the plants and animals. The fossils, though, are hard evidence that—since

hundieron por completo en varias ocasiones, provocando la muerte de toda la fauna y flora. Los fósiles, eso sí, prueban sin la menor duda que en las Antillas vivieron —desde hace unos 30 millones de años y hasta hace apenas un puñado de siglos— perezosos y roedores de gran tamaño y hasta un mamífero emparentado con el tapir. En las otras islas antillanas mayores han aparecido también los fósiles de varios monos nativos. ¡Falta por descubrir el puertorriqueño!

El zoológico de hoy

Las aves, el viento, las balsas, y quizás también el largo puente y la "navegación" de la propia isla, permitieron la llegada de plantas y animales. Estudios de los zoólogos han permitido reconocer en los continentes a los primos cercanos de los diferentes animales boricuas; la mayoría llegó desde la América del Sur, aunque algunos salieron de Centroamérica y de América del Norte. Unos pocos lograron hacer el viaje desde la más lejana África.

Cada animal que lograba establecerse en Puerto Rico —lagarto, rana, escarabajo o roedor—, comenzaba a vivir en condiciones algo diferentes de las de su región de origen. Aquí era otro el rigor del sol, otra la frescura de la brisa, otra la intensidad de las tormentas. Por si ésto fuera poco, en el nuevo ambiente isleño faltaban los animales de los cuales había tenido que huir en el

at least 30 million years back—these islands were crowded with sloths and rodents of large size. One even had a species of mammal related to the tapirs. On other Greater Antillean islands, fossils of several native monkeys have been located. The Puerto Rican one has not yet been found!

Today's zoo

The birds, the wind, the rafts, and perhaps also the lengthy bridge and the island's drift, allowed the arrival of animals and plants. The many studies done by zoologists have made it clear that Puerto Rican animals have relatives in different continents; most came from South America and some from Central and North America. A few even managed to make the voyage from farther off Africa.

Each animal that gained a foothold on Puerto Rico—ant, lizard, frog, beetle, rodent—then began to live under conditions different from those of its homeland. Here the sun was more rigorous, the breeze cooler, and the storms brazen. On top of this, many of the species with whom it shared life on the mainland were now absent, both those from which it used to run and hide and others with which it struggled for some foods. Many familiar food items were missing all together. In the island landscape, lastly, there were entirely unknown plants and insects that had arrived from different parts of the

continente dejado atrás, y también otros con quienes competía por un mismo tipo de alimento. También faltaban muchos de sus antiguos bocados. En el escenario isleño, por último, había plantas e insectos enteramente desconocidos, procedentes de otras regiones del planeta. Colonizada a retazos, la isla se convirtió en un jardín zoológico singular, único en el mundo.

De entre las nuevas camadas de hijos de gongolíes, de ranas y de lagartos, sobrevivían sólo aquellos mejor dotados para comer, defenderse y reproducirse en el nuevo ambiente caribeño. Como desde entonces ha pasado tanto tiempo, los nietos de los nietos de los colonizadores tienen ahora otro tamaño y color. También son otras sus costumbres, otros los trucos para encontrar y alcanzar las presas, otra la habilidad para digerirlas. Con el tiempo, el aspecto de cada animal cambió; cada uno de ellos se convirtió, como por magia, en otra especie. Evolucionaron.

Precisamente tanta casualidad y tanto cambio han hecho que buena parte de los animales que hoy habitan Puerto Rico sean por entero originales: no los hay en ningún otro lugar de este planeta verdeazul. También son irrepetibles: cada uno de ellos es resultado de una historia tan larga e intrincada que resulta imposible que vuelvan a surgir en el futuro. El coquí y su comitiva alegre son un tesoro muy disfrutable que, por tanto, debemos proteger.

planet. Colonized piecemeal, the island turned into a singular and unique zoological garden.

From among each batch of newborn millipedes, frogs and lizards, the survivors were those better suited to feed, defend themselves and reproduce in the new Caribbean environment. Since a lot of time has gone by, the grandchildren of the grandchildren of the first colonizers now have another size and color. Also changed are their quirks and traits, their tricks to find and reach food, their ability to digest it. With time, every animal changed; each one of them turned, as if by magic, into different species. It evolved.

Precisely so much chance and change has made a good many of the animals that today live in Puerto Rico entirely original. They do not live in any other place on our blue-green planet. Each one is the outcome of such a lengthy and intricate history that they are impossible to replicate or reconstruct. *Coquí* and his merry crowd are a very enjoyable treasure, one that deserves to be protected.

Coquí, y sus colegas
Coquí, and his crowd

Los hongos

Fungi

Si este libro lo dedicáramos sólo a la fauna o a la flora, tendríamos que dejar los hongos a un lado: no son animales, ni tampoco plantas. Son hongos y nada más: un reino por entero aparte. Se diferencian de las plantas, por ser inca- paces de utilizar la energía del sol —la luz— para fabricar su propio alimento; y de los animales, por no poder tragar el menor bocado: ¡ni siquiera tienen boca! Para ali- mentarse, los hongos destilan sustancias que descomponen, por ejemplo, la madera y las hojas, y luego absorben los jugos nutritivos a través de toda su superficie exterior, de manera algo si- milar a como el tejido de una toalla absorbe agua.

La mayoría de las personas aprecia

If this book were exclusively about ani- mals, we would have to ignore the fungi: they are not animals and neither are they plants. They are fungi, and only that: a whole kingdom apart. Fungi differ from plants for being unable to use the sun's energy— light—in order to pro- duce their own food; and they differ from animals in being unable to swallow even the smallest piece of food. They don't even have a mouth! In order to feed, fungi absorb their meals through the outer surface of their bodies in a way somewhat similar to how towels absorb water.

Most people only appreciate fungi at the restaurant when, as mushrooms, they accompany a piece of turkey or

▲ Coquí común. *Common* coquí.

◄ Tronco de árbol cubierto de hongos y varias plantas. Luquillo.

Tree trunk covered with fungi and various plants.

los hongos sólo a la mesa de los restaurantes, cuando acompañan un trozo de pavo o de carne de res y lo convierten en plato delicioso. Asimismo nos beneficiamos de ellos cuando comemos queso, y cuando nos curamos de alguna infección. El queso sólo existe gracias a la acción de hongos (y de bacterias) sobre la leche. Algunos medicamentos utilizados para combatir enfermedades, los llamados *antibióticos*, fueron "inventados" por los hongos hace más de 250 millones de años. En la naturaleza, los hongos producen estas sustancias en todo momento; sirven para repeler los microorganismos dañinos. Los hongos, pues, dan a nuestros paladares abundante disfrute, y han salvado muchas vidas humanas. Otros valores que poseen, sin embargo, no son menos importantes.

Los hongos han sido poco estudiados: en el mundo entero sólo unos 70.000 han recibido nombre. Se cree, sin embargo, que el número real de especies es muy superior. Los científicos han logrado *calcular* cuántas especies de hongos podrían existir en nuestro planeta. Para ello estudiaron en detalle dos regiones pequeñas de Europa, y descubrieron allí muchas especies por completo nuevas: encontraron que por cada tipo de planta hay unas seis especies de hongos.

Las plantas del mundo, por otra parte, son bastante bien conocidas; su tamaño e inmovilidad facilitan la colecta y estudio, y se sabe que existen en total unas 270.000 especies. Los investigadores entonces multiplicaron esta

veal and turn it into a delicacy. We also benefit from fungi when we eat cheese, and when we cure from infectious diseases. Cheese exists thank to the labors of fungi (and bacteria) upon milk. On the other hand, some of the drugs used to fight diseases, the so-called *antibiotics*, were "invented" by fungi more than 250 million years back. In the wild, fungi produce these substances all the time; they are used to repel harmful microorganisms. Fungi, thus, give our palates abundant joys, and have also saved many lives. Their other values, however, are at least equally important.

Fungi are little known: only some 70,000 of them have received a name. It is thought, though, that the actual number of species is much higher. Scientists have managed to make estimates as to how many species of fungi live on the whole planet. For this task they studied in great detail the fungi living in two small patches of European forests, and discovered many new species. According to their data, there were six species of fungi for each kind of plant.

The plants of the world are pretty well known; their size and immobility makes both collecting and study quite simple, and it is known that there are a total of about 270,000 species. Researchers then multiplied this amount by six, and believe our planet may house about *one and a half million* different fungi. Several hundred species of fungi are so far known from Puerto Rico, but given the number of plants reported from the island—

cifra por seis, y en consecuencia creen que en el mundo puede haber alrededor de ¡un millón y medio! de hongos diferentes. En Puerto Rico se han reconocido hasta hoy varios centenares de hon-

2,410—there is reason to believe that their actual number should be ten times higher.

Most fungi lead secret lives. The small umbrella- and ear-shaped figures

Hongos sobre un tronco caído. Real Anón, Ponce. *Fungi on a fallen tree trunk.*

gos, pero, a juzgar por la cantidad de plantas conocidas de la isla —2.410 especies—, es de suponer que el número real sea unas diez veces más elevado.

La mayor parte de los hongos vive por entero a ocultas. Las figuras pequeñas con aspecto de sombrilla o de alero de techo que a veces vemos en el bosque, y cuyas fotografías aparecen en este libro, son sólo la parte reproductiva de algunos tipos de hongos, algo así

we find in the forests (puffball and bracket fungi), are only the reproductive part of some types of fungi, their flowers, so to speak. The fungus itself lives under the soil or inside the wood, and its "body" is made up of threads thinner than human hair.

Better than other living creatures, fungi show that being thin and almost invisible does not mean weak and insignificant. Their importance is

como sus flores. El hongo en sí vive bajo tierra o dentro de la madera, y su "cuerpo" está compuesto por hilos más delgados que el cabello humano.

Los hongos demuestran, quizás mejor que cualquier otro ser viviente, que delgado e invisible no equivale a débil e insignificante. Su importancia

actually enormous; so big, in fact, that the life of the forest itself, and of all the animals living there, depends on the fungi. Some fungi living inside the tissues of plants, for example, produce substances that keep the insects away. If these fungi were not present, the plants would be attacked and con-

en los bosques es enorme; tan grande que el bosque entero, y también todos sus animales, dependen de ellos para sobrevivir. Hay hongos, por ejemplo, dentro del tejido de las plantas, capaces de producir sustancias que repelen los insectos; si faltaran, las plantas serían atacadas y devoradas por las plagas. La mayoría de las plantas recibe otra asistencia importante: tienen hongos alrededor de las raíces que las ayudan a absorber del suelo una cantidad mucho mayor de las sustancias que necesitan

Los animales que aparecen en estas dos páginas —el ciempiés gigante (arriba), el alacrán y el guabá—, son todos cazadores y de hábitos nocturnos. Los dos primeros están emparentados con las arañas, mientras que el último lo está con los milpiés. Todos cargan cierta cantidad de veneno, y su picadura es dolorosa.

The animals shown in these two pages—giant centipede (above), scorpion and whip scorpion— are all nocturnal hunters. The first two are related to the spiders, while the last one is related to the millipedes. They all carry a certain amount of venom, and their bite can be painful.

▲ Alacrán. *Scorpion.*

▼ Guabá. *Tailless whip scorpion.*

sumed by insect plagues. Most plants benefit from them in still another way: the fungi living around the roots allow the plants to pick up from the soil larger amounts of the substances needed for growth.

Insects are also greatly benefited by fungi. Some of these—ants, beetles and flies, for example—feed directly upon fungi. Others carry fungi in their guts, and it is thanks to them that they can digest leaves. But fungi have still other very important tasks in supporting the life of each forest.

When a tree dies and falls, it is immediately attacked by fungi. Their attack is invisible, slow and silent, and goes completely unnoticed to the casual trekker, but is as firm as that of a lion. The tips of the fungi's thin threads release substances that soften the wood. Thus they grow and expand in all directions, penetrating the whole trunk. With time, the wood becomes as soft as a sponge and disintegrates. Other fungi attack the fallen leaves, and still others the animal droppings. With their singular appetite, the team of fungi transforms each fallen tree and each fallen leaf into food for millipedes and for the tiny shrimp that dwell in streams and rivers. Since the droppings of these animals enrich the soil, the fungi actually transform dead vegetation into food for younger plants. Thanks to this phenomenal recycling workshop, we never find in any forests inordinate piles of lumber and debris: the fungi keep them clean and vigorous.

para vivir.

Otros organismos que disfrutan de grandes beneficios, gracias a los hongos, son los insectos. Algunos de éstos —hormigas, escarabajos y moscas, por ejemplo— se alimentan directamente de hongos. Otros, llevan siempre hongos en sus tripas, y sólo gracias a ello es que pueden digerir las hojas de las cuales se alimentan. Pero los hongos cumplen aún otras tareas imprescindibles para la salud de cada bosque.

Cuando un árbol muere y cae, los hongos lo asaltan sin demora. Su ataque es invisible, lento y silencioso, pero es tan firme como el de un león. Los muy delgados filamentos segregan por la punta sustancias que ablandan la madera. Así crecen y se introducen por todas partes, hasta penetrar el tronco entero. Con el tiempo, la madera se vuelve tan suave como una esponja y se desintegra. Algunos hongos consumen las hojas caídas al suelo; otros se alimentan de las heces fecales de los animales. Con su singular apetito, la brigada de hongos convierte cada tronco caído y también toda la hojarasca en alimento para los gongolíes y para los pequeños camarones que habitan el agua de las cañadas. Como que las heces de estos animales sirven para enriquecer el suelo, puede decirse que ellos convierten la vegetación muerta en alimento para árboles jóvenes. Gracias a este fenomenal taller de reciclaje, en los bosques jamás vemos acumulaciones de desechos ni de basura: los hongos se encargan de mantenerlo limpio y vigoroso.

Acari

Acari—ticks and mites—are relatives of spiders, and look a little like them. Rather heavyset, they usually have four pairs of legs and are blind. To compensate for the lack of vision, their bodies are covered with touch-sensitive filaments. Most mites are brown, but some are quite gaudily colored. The group's giants are never larger than the eraser on a brand new pencil; while the smallest are so tiny that several dozen could fit on the surface of the dot at the end of this sentence. A total of about 30,000 species are known to live on the planet; but, as in the case of the fungi, their actual number is much higher in all probability.

The only acari that usually demand our attention are the blood-sucking ticks. These are commonly found on dogs and cattle, and also on toads, lizards and snakes. Mites, though, live almost anywhere—on the soil, on plants, and on many different animals—and in surprising number and variety. Up to hundreds of them live on each square foot of Puerto Rican soil. Many feed on fungi; others on bacteria, algae or insects. Some are entirely aquatic, still others live in caves.

All of us humans carry some mites. Two species live on our forehead without our ever noticing. They spend their entire lives just above the eyes and are so tiny that there is never an itch. There is no point in scrubbing or scraping the forehead during a bath: they

Los ácaros

Los ácaros son parientes cercanos de las arañas, y se parecen un poco a éstas. Regordetes, por lo común tienen cuatro pares de patas, y son ciegos. Para compensar esto, tienen por todo el cuerpo filamentos sensibles al tacto. La mayoría son pardos, pero los hay de colorido carnavalesco. Los gigantes del grupo no sobrepasan el tamaño de la goma de borrar de un lápiz nuevo. Los menores son tan pequeños que sobre la superficie que ocupa un punto de este libro podrían acomodarse varias decenas. En el mundo se conocen en total unas 30.000 especies; pero, al igual que ocurre con los hongos, se cree que su número debe ser más elevado.

Los únicos ácaros que llaman nuestra atención son las garrapatas, que podemos ver sobre los perros o el ganado, y también sobre sapos, lagartos y serpientes. Los ácaros, sin embargo, también están presentes, en cantidad y variedad que provoca asombro, en casi cualquier lugar: en la tierra, sobre las plantas, y sobre la piel de muchos otros animales. En cada metro cuadrado del suelo de los bosques boricuas viven miles de ácaros. Muchos se alimentan de hongos; otros de bacterias, algas o insectos. Los hay por entero acuáticos, y también cavernícolas.

Nosotros mismos llevamos ácaros encima. Sin saberlo, y sin darnos cuenta, llevamos sobre la piel de la frente dos especies diferentes. Pasan su vida entera justo encima de nuestros ojos y son tan diminutos que ni siquiera dan

live deep in the pores of the skin, and are almost unreachable. Another species is common at the base of our hair, and performs an important cleaning service. These mites are part of our private zoo; gorillas and bats carry their own critters.

Every bird species also packs a mini-zoo of mites on its feather covering. Each nightjar, for example, normally carries more than a dozen different mites. Some are only to be found on the white parts of the longer wing feathers and never venture to the dark parts, where another species lives. These microscopic beasts spend half of the day flying over the woods, but only because they are "passengers" of the nightjar. They practice a singular type of tourism, since they never leave their "airplane," and never even change their seats.

Other mites feed and reproduce on flowers, but use the birds—usually hummingbirds—to move from one to another flower. When a flower is visited by one of these birds in order to sip nectar, the mites jump onto the bill, take a quick run, and hide in the bird's nostrils. Others, meanwhile, dash in the opposite direction, hoping for a better meal on this "new" flower. These mites, unlike the previous ones, constantly change airplanes—and even airlines! But they always use the same seat.

Many mites live on plants. Some pierce the tender shoots and drink sap. Most of these are as specialized as those that live on the plumage of birds

picazón. De nada vale restregar duro la frente a la hora del baño, ni raspar toda su superficie: viven en lo profundo de los poros de la piel, y son casi inalcanzables. Otra especie es común en la base de nuestro cabello y realiza allí un importante servicio de limpieza. Estos ácaros forman parte de nuestro zoológico privado y no viven sobre ningún otro animal.

Cada especie de ave también lleva, en sus plumas, un mini-zoológico de ácaros. Un guabairo, por ejemplo, normalmente transporta más de una decena de ácaros diferentes. Algunos sólo se encuentran sobre las partes blancas de las largas plumas del ala, y jamás se aventuran a las partes de color pardo oscuro, donde vive otra especie. Estos animalillos pasan la mitad del día en el aire, volando sobre el bosque, pero sólo porque son "pasajeros" del guabairo. Practican un turismo singular, pues jamás bajan de su "avión", y ni siquiera se cambian de asiento.

Otros ácaros se alimentan y reproducen en las flores, pero usan a las aves, en especial a los zumbadores, para transportarse de una a otra planta. Cuando un zumbador visita una flor para libar el néctar, los ácaros le saltan al pico, lo recorren rapidísimo, y se esconden en las fosas nasales. Otros, mientras tanto, hacen la carrera en dirección contraria, con la esperanza de que la nueva flor ofrezca más alimento. Éstos ácaros, a diferencia de los anteriores, cambian constantemente de avión ¡y hasta de aerolínea!, pues usan cualquier especie de zumbador. Siem-

▲ La araña verde es capaz de permanecer horas posada sobre las flores en espera de mariposas.

The American lynx spider can patiently sit for hours on flowers waiting for butterflies.

▼ Araña peluda.
Bird-eating spider (tarantula).

pre utilizan, sin embargo, el mismo "asiento".

Muchos ácaros viven sobre las plantas. Algunos pican los brotes tiernos y chupan savia. La mayoría están tan especializados como los que viven en las plumas de las aves, y sólo se los encuentra sobre uno o dos tipos de plantas. Cuando su número es elevado, se convierten en serias plagas en los cultivos de hortalizas. Otros, de profesión carnívoros, han sido utilizados con éxito para eliminar los insectos que causan daño a las plantaciones agrícolas.

Las arañas

Con excepción de las regiones polares y los helados picos de las más altas montañas, hay arañas en todas partes. Una especie habita la orilla del mar y soporta bien que su ambiente casero sea inundado a diario por las mareas. Otra lleva en los lagos una vida por entero subacuática, y se alimenta de peces pequeños. Para reproducirse, las arañas hembras ponen camadas de entre decenas y varios centenares de huevos. Luego los protegen empaquetándolos con hilo, como para regalo.

Las arañas son inconfundibles: tienen el cuerpo dividido en dos segmentos, el posterior bien voluminoso, y ocho patas en vez de las seis que portan los insectos. No es raro, sin embargo, que pierdan algunas en las escaramuzas de la vida y entonces podemos encontrar arañas con siete o menos extremi-

and only feed upon one or two kinds of plants. When they are numerous, they can turn into serious horticultural pests. Other mites are professional carnivores, and have been successfully used to eliminate insect pest from agricultural plantations.

Spiders

Except for the polar regions and the highest mountain peaks, there are spiders everywhere. One species lives at the seashore and tolerates well the daily flooding caused by the tides. Another one lives completely submerged in lake water, and feeds on small fishes. For reproduction, female spiders lay batches of between dozens and several hundred eggs. For protection, these are later wrapped with silk, as neatly as if they were meant to become a gift.

Spiders are unmistakable: they have a two-part body, the rear one being quite bulky, and eight legs instead of the half-dozen carried by insects. Quite often, however, they have lost some leg(s) in the scuffles of life, and spiders can be found with seven or less extremities (they can move around with as little as three!). Like tigers, spiders are lonely hunters, only at a smaller scale. Another difference is that they generally don't roam the woods in search of their prey, but lie in ambush.

There are some 35,000 kinds of spiders, and most of them use poison to

dades (¡pueden caminar hasta con tres!). Al igual que los tigres, las arañas son cazadoras solitarias, lo único que a una escala menor. Otra diferencia es que por lo general no buscan activamente a sus presas, sino las acechan.

Se conocen unas 35.000 arañas diferentes, y la mayoría tiene veneno: lo usan para inmovilizar los pequeños insectos de los cuales se alimentan. Casi todas las arañas, sin embargo, son inofensivas: no muerden ni cuando se las molesta. Incluso cuando se defienden, los aguijones no traspasan nuestra gruesa piel. El veneno, además, es por lo común muy débil (o la cantidad inyectada es insignificante).

Aunque no tienen alas, las arañas son capaces de volar. Usan para ello una técnica que podría ser llamada *de chiringa*, practicada sólo por las pequeñinas de muy poco peso. En días de buena brisa, las arañitas suben a la punta de una rama alta y allí fabrican hilo hasta que el viento lo levanta, llevándoselas colgadas. Así son capaces de cruzar grandes trechos de mar. Cuando se tienen, de un golpe, tantos hermanos, es aconsejable mudarse pronto del vecindario. Gracias al vuelo de tipo chiringa, en los bosques boricuas podemos encontrar arañas que nacieron en alguna de las Antillas Menores o en La Española, o incluso en América del Norte o del Sur. A cambio, parte de las arañas nacidas acá de seguro han sido capaces de volar hasta Islas Vírgenes, República Dominicana o Estados Unidos.

En Puerto Rico viven alrededor de

immobilize the tiny insects they feed upon. The great majority of spiders, however, are harmless: they do not bite even when disturbed. Or, if they do, their jaws are unable to pierce our thick skin. The venom, in addition, is generally too weak or the amount injected is insignificant.

Although spiders lack wings, they are able to fly. Their method for reaching the skies is called *ballooning* (although *kite-flying* would be a better word for it), and can only be practiced by the youngest ones of very little weight. In days of fair breeze, the spiderlings climb to the tip of a tall branch and there produce a string of silk that—when long enough—is picked up by the wind, with the spiderling hanging at the lower end. In such a way they can travel across huge expanses of sea water. When you have so many brothers and sisters, it is advisable to give up your neighborhood quickly. Thanks to ballooning, some spiders living in Puerto Rican forests were probably born in the Lesser Antilles, Hispaniola or maybe even in North or South America. In exchange, some spiderlings born here have surely been able to reach the Virgin Islands, the Dominican Republic and the United States.

Puerto Rico is home to a couple of hundred different spiders, of which but a handful are dangerous. One of them is the so-called black widow. Only the female of this species—shiny black and no larger than a green pea—ever bites. On the underside, she has a reddish or

dos centenares de arañas diferentes, de las cuales sólo unas pocas son peligrosas. Una de ellas es la llamada viuda negra. En esta especie sólo pica la hembra, de color negro brilloso y no mayor

orange mark. The black widow is fairly common, and also lives in most parts of America, as well as on the rest of the Antillean islands. But, in spite of her bad reputation, she rarely bites. These

La araña lobo es muy veloz, y capaz de dar alcance y devorar lagartijos y ranas pequeñas.

The wolf spider is a high-speed racer capable of stalking and devouring small lizards and frogs.

que un gandul. Por el vientre tiene una marca roja o anaranjada. Es bastante común y habita la mayor parte de América, como también el resto de las islas antillanas. A pesar de su mala fama, pica sólo de rareza, pues vive bajo piedras o en grietas, y es en extremo pacífica. Más aun, el veneno de las que habitan las islas es mucho menos potente que el que portan las continentales.

spiders live under stones or in crevices, and are quite calm-natured. Furthermore, the poison of those living on islands is much less powerful than the one carried by those living on the continents.

Bird-eating spiders (another name for them is *tarantulas*) live in all tropical regions and very rarely eat birds. These creatures are quite impressive and reach the span of a fried egg. Some

En todas las regiones tropicales viven arañas peludas. El aspecto de estas criaturas es impresionante, y alcanzan el diámetro de un huevo frito. Algunas alcanzan a vivir hasta una decena de años. Las arañas peludas pasan el día en agujeros que ellas mis-

live to be ten years of age. Bird-eating spiders spend the day underground, in holes dug out by themselves, or under large stones and fallen tree trunks. At night they hunt small frogs and lizards, and often climb the trees in their search. Puerto Rican bird-eating spi-

La araña gigante hembra produce la seda más resistente. Su tela puede alcanzar dos metros de diámetro.

The female giant orb web spider makes the strongest silk. The web can reach 6 feet in diameter.

mas cavan en el suelo, o bajo piedras o troncos caídos; por la noche salen a cazar ranas y lagartos pequeños, y no es raro que, a la busca de éstos, trepen a los árboles. Las arañas peludas boricuas son de temperamento muy tranquilo, y si no se las molesta caminan por encima del zapato, o de la mano, sin picar.

ders are very serene and, if not pestered, will walk over a shoe or over a bare hand without biting. If tormented, however, they defend themselves well; the bite is painful, though never fatal. Because of this, after spending a night under the stars it is advisable to check your clothing and inside your

En situación extrema, eso sí, se saben defender; su picada duele, pero el veneno nunca mata. Por eso es recomendable, después de dormir en el campo, revisar los zapatos y la ropa antes de ponérselos.

Aunque la mayoría de las arañas tienen cuatro pares de ojos, su visión es pobre, y puede decirse que, en la práctica, son casi ciegas. Los ojos de las arañas llamadas saltadoras sí están bien desarrollados, y funcionan como si fueran telescopios. La vida del resto de las arañas, sin embargo, está organizada alrededor de los hilos y las telas que ellas fabrican. Las arañas producen hasta siete variedades diferentes de hilo. Uno de ellos sirve para envolver la presa, otro para envolver los huevos. Para fabricar la bien conocida tela circular, por ejemplo, se requieren dos y hasta tres tipos de hilo.

Las arañas que hacen tela en sitios expuestos no son peligrosas. De hecho se puede caminar por el bosque a través de las telas que estén en el camino. Es preferible no hacerlo, pero sólo por respeto a las arañas; reconstruir una tela es para ellas tarea de un día entero. Grandes y chicas por igual, las telas son —para las arañas— como redes de pesca. A través de ellas el aire pasa libremente, pero no así los insectos. Cuando un insecto es atrapado por la tela, sus movimientos por escapar producen vibraciones que son trasmitidas, a través de los hilos, hasta la araña. En cuanto esta los percibe, se mueve hasta la presa y la cubre con vueltas y más vueltas de hilo fresco, hasta inmovi-

shoes before putting them on.

Although most spiders have an over-supply of eyes (four pairs!), their vision is poor; so much, in fact, that they are practically blind. Jumping spiders are an exception; some of their eyes are well developed, and function like telescopes. The life of most spiders, however, is structured around their silk and web. Spiders produce up to seven different kinds of silk. One is good for wrapping prey, another for wrapping the eggs. Up to three kinds of silk are required to build an orb web.

The spiders that build webs on exposed places are not dangerous. You could actually walk across the webs crossing your path. It is better not to do this, but only out of respect for the spiders: reconstructing a web is a many-hours-long task. To a spider, the web is something like a fishing net. Through it, the air passes freely but not the insects. When an insect is caught in the web, its thrashing to free itself generates vibrations that are transmitted through the strands of silk to the predator. As soon as the spider picks up the message, it moves towards the prey and wraps it with more and more turns of freshly produced silk until it is completely immobilized.

Each species of spider builds the web, or uses its silk, in a special way. The so-called *bolas spider*, for example, swings a ball of sticky gum towards the potential prey; other species throw small net-like webs onto their victims. Last, there are spiders that spit zigzagging streams of instantly-drying gum

lizarla por completo.

Cada especie de araña fabrica su tela, o utiliza sus hilos, de una forma particular. Las llamadas *boleadoras*, por ejemplo, lanzan a distancia una bola pegajosa a la cual queda adherida la presa; otras arrojan sobre sus víctimas redes pequeñas. Por último, las hay que escupen a los insectos con líquidos de secado instantáneo.

Ninguna araña es capaz de tragar sus presas enteras, y ni siquiera pedazos o partículas de ellas. Para alimentarse, ellas inyectan a sus presas las sustancias que hacen la digestión. Así convierten todo el interior de las víctimas —vísceras, músculos, nervios— en una suerte de batida, que luego aspiran como si fuera con un sorbeto.

at their prey .

Spiders are incapable of swallowing their prey whole, or even parts of them. In order to feed, they inject their prey with substances that make digestion possible. All of the prey's body contents—organs, muscles, nerves— thus turns into a sort of liquefied shake, which is then absorbed as through a straw.

Millipedes

The word *millipede* comes from the Latin, and means "one thousand feet." The body of these animals is made up of many segments, most of them identical; some have but a dozen segments, but others have up to a couple of hun-

Los gongolíes

A los gongolíes también se les conoce por el nombre de *milpiés*. El cuerpo de estos animales está constituido por segmentos, en su mayoría idénticos entre sí; algunos tienen poco más de una decena de segmentos, pero los hay hasta con dos centenares. Como a cada uno de éstos corresponden dos pares de patas, la cifra total de "pies" puede ser muy elevada, aunque jamás alcanza el millar. En Puerto Rico se conocen 56 tipos diferentes de gongolíes.

Los milpiés de hoy son parientes de los primeros animales que lograron, hace muchísimo tiempo, "escapar" del agua e invadir la tierra firme. En diver-

El milpiés arbóreo gigante (arriba y a la derecha) presenta una gran variación de colorido en diferentes partes de la isla.

The arboreal giant millipede (above and right) shows much color variation on different parts of the island.

sas partes del mundo se han encontrado milpiés fósiles de nada menos que 400 millones de años de antigüedad. En aquellos tiempos, la parte emergida del planeta era un sitio desolado: apenas existían unas pocas plantas, todas de muy poca altura.

Para cruzar un arroyo los gongolíes

dred. Since two pairs of legs correspond to each of these segments, the total number can be very high, though it never actually reaches one thousand. A total of fifty-six kinds of millipedes are known in Puerto Rico.

Today's millipedes are relatives of the first animals that, a very long time

no necesitan usar como puente un tronco caído, ni tampoco se molestan en nadar: penetran el agua sin el menor titubeo y caminan por el fondo hasta la otra orilla. Durante los minutos de inmersión su paso es idéntico al que tenían en tierra, y tampoco cambia a la salida. Esta sencilla hazaña asombra, pues da la impresión de que para ellos agua y aire son una misma cosa: actúan como si el arroyo estuviera seco. La habilidad quizás sea herencia de tatarabuelos antiquísimos y por completo acuáticos.

Como ningún milpiés es capaz de

ago, successfully made their way from an entirely aquatic existence to living on land. In different parts of the world fossil millipedes have been found that are no less than 400 million years old. At that time our planet's landscapes were desolate: there were but a few plants, all of very little height.

In order to cross a stream, millipedes have no need to use a fallen branch as a bridge, nor do they bother to swim: they just walk into the water and across the bottom to the other shore. Their pace during the few minutes' immersion is identical to the one

volar, ni de nadar, la mayoría de los que viven en la isla son endémicos. Habitan el suelo de los bosques, y en los sitios de más humedad pueden ser en extremo abundantes. En el bosque de Cambalache, al este de Arecibo, hay gongolíes de hasta 15 centímetros de longitud, verdaderos gigantes. Otros son muy pequeños. Sumados todos, en cada metro cuadrado de bosque boricua puede haber decenas y hasta centenares de estas criaturas.

Los ojos de los gongolíes son más sencillos que los de la mayoría de los insectos, y apenas les sirven para distinguir la luz de la oscuridad; algunos son totalmente ciegos. No pueden advertir peligros, ni siquiera los inminentes. Tener vista de halcón tampoco les serviría de mucho, pues son tan lentos que no podrían huir, ni esconderse con el debido apuro. Ninguno de ellos, por otra parte, tiene espinas verdaderamente afiladas. Con todo, la estirpe ha sobrevivido muchas generaciones de bocas hambrientas, como también las catástrofes planetarias que provocaron la extinción de peces acorazados, amonites, pterodáctilos y dinosaurios.

Los milpiés utilizan tres líneas defensivas. La primera es la dura cubierta del cuerpo. El blindaje no es tan fuerte como el de un cangrejo o un caracol, pero los protege contra los carnívoros de mandíbulas débiles. La segunda línea defensiva es enroscarse en espiral y mantener esa postura con gran firmeza; así escapan de los depredadores de boca pequeña. Para algunos gongolíes, la defensa principal

used on land, and it doesn't change when leaving the water either. This simple feat amazes, since it shows that for them, water and land are about the same thing: they act as if the stream were dry. The talent is perhaps inherited from ancient grand-grandparents who were completely aquatic.

Since millipedes cannot fly, nor swim, and have trouble getting from one island to the next, most of the ones living on Puerto Rico are endemic. In the forest of Cambalache, east of Arecibo, there are millipedes up to 6 inches long: real giants. Others are very small. When they are all added up, each square foot of Puerto Rican forest may house dozens and dozens of these creatures.

The eyes of millipedes are simpler than those of most insects and are barely good for telling light from dark; some are totally blind. Millipedes are thus unable to tell danger in advance, not even an imminent one. Having the sharp vision of a hawk, on the other hand, wouldn't do them any good: their slow movements wouldn't get them quickly enough out of danger's way nor into a hideout; and none of them has really sharp spines. But even with these disadvantages, their breed has survived many generations of hungry mouths, and also the planetary catastrophes that did away with armored fishes, ammonites, pterodactyls and dinosaurs.

The millipedes use three lines of defense. The first one is their hard body covering. Their armor is not as

El gongolí gigante, un milpiés, se alimenta principalmente en el suelo.

The Puerto Rican giant millipede feeds mostly on the ground.

es de naturaleza química: producen sustancias de muy mal sabor, e incluso venenosas, que los de mayor tamaño disparan a distancia. Aunque los chorros son finos y de poco alcance, el líquido tiene un olor y sabor muy desagradables. Pero ninguna defensa es perfecta, y varios lagartos y ranitas —incluido el propio coquí— hacen de los gongolíes su almuerzo regular.

La alimentación de los gongolíes es bien singular. Mastican las hojas y frutos que encuentran en el suelo del bosque, pero sólo aquellos ya reblandecidos por la actividad de los hongos. Tras esta primera digestión, los excrementos contienen aún muchas sustancias nutritivas. En el suelo del bosque estos residuos son entonces atacados por bacterias, y días más tarde son de

strong as that of a crab or a snail, but it protects them against feeble-jawed carnivores.   The second line of defense is coiling the body and keeping it firmly in this position; thus they escape from small-mouthed predators.   For some millipedes, the main defense is of a chemical nature: they produce substances that are foul-tasting or even venomous, which the larger species are capable of squirting at a distance. Even though the streams of chemicals are thin and not very far-reaching, the liquid has a very unpleasant smell and taste.   But there are no perfect defenses, and several lizards and froglets— including the *coquí*—can turn millipedes into a regular meal.

The food habits of millipedes are quite singular.   They chew the leaves

nuevo ingeridos por los milpiés para una digestión más completa. Esta reingestión del alimento es tan importante para los milpiés, que si se les priva de esa posibilidad ¡enferman y hasta mueren! Hongos, bacterias y gongolíes forman así, sin saberlo, otra excelente brigada de reciclaje: convierten las hojas y frutos caídos en fertilizante para las plantas jóvenes.

and fruits found on the forest floor, but only those already softened by the activity of fungi. After this first digestion, the excrement still has many nutritious substances and is attacked by bacteria. Days later, it is then swallowed again for a more complete digestion. The second intake of "food" is so important for millipedes that, if they are deprived of it, they turn weak or

Para dormir, la abeja solitaria se agarra a la hierba con sus mandíbulas.

Solitary bee asleep, clutching a grass stem with its mandibles.

Los insectos

A excepción de las mariposas y los escarabajos, los insectos por lo común no resultan simpáticos. Cada uno de

even die! Fungi, bacteria and millipedes thus form, unknowingly, another efficient recycling team: they turn fallen leaves and fruits into fertilizer for young plants.

ellos, sin embargo, es una obra maestra de la evolución: tanta complejidad en cuerpecitos tan pequeños debería ser motivo de asombro constante.

Puerto Rico es casa de una gran diversidad de insectos. A principios del

Chicharra adulta recién emergida de la crisálida.

Adult cicada just emerged from its chrysalis.

siglo XX se conocían unas 1.500 especies, pero desde entonces se han descubierto otras muchas, y la cifra hoy pasa de los cinco millares. Los hay veloces y lentos; con dos o cuatro alas, y

Insects

Except for the butterflies and beetles, insects traditionally have little charm. Each one of them, however, is a masterpiece of evolution: so much complexity in such small bodies should be reason for constant awe.

Puerto Rico is home to a great diversity of insects. At the start of the twentieth century, some 1500 species were known, but since then many others have been discovered, and today they number more than 5000. Some are sluggish and others nimble; there are species with two or four wings, and without them; with the body disguised to fit the surroundings, or brightly colored in order to be noticed; vegetarians, carnivores, carrion-eaters and bloodsuckers; solitary and social. No one really knows how many species actually inhabit the island, since a good many new species are sure to be discovered in the future.

Although it is true that many insects are harmful to people, and to agricultural plots and stored food, they are all necessary for the well-functioning of the forests; without them, the forests would die. Below are some examples of their usefulness.

All insects bear three pairs of legs and a pair of antennae. The group is very large (nearly one million species!), and made-up of many other smaller legions, the life and ways of which are as different from one another as that of whales, bats and kangaroos. Knowing the insects and learning about their

desprovistos de ellas; de cuerpos camu-
flados o pintados para llamar la atención; vegetarianos, carnívoros, ca-
rroñeros y capaces de chupar sangre;
solitarios y sociales. Nadie sabe bien
cuántas especies realmente habitan la
isla, pues se sospecha que en el futuro
se descubran aún una gran cantidad de
estos animales.

Aunque es cierto que algunos insectos causan daño a las personas, a los
cultivos agrícolas y a los alimentos
almacenados, todos son necesarios para
el buen funcionamiento de los bosques;
si faltaran, el bosque dejaría de existir.
Más adelante daremos ejemplos de su
utilidad.

Los insectos, sin excepción, tienen
tres pares de patas, y un par de antenas.
El grupo es muy numeroso (¡com-
prende más de un millón de especies!),
y está compuesto por muchas otras
legiones menores, cuyas vidas y costumbres son tan disímiles como las de
las ballenas, los murciélagos y los can-
guros. Conocerlos y aprender acerca de
sus vidas divierte tanto como observar
lo que ocurre entre cebras, gacelas y
leones. La única diferencia de consi-
deración, la de tamaño, es en realidad
pura ventaja.

En primer lugar, al observar insectos no corremos el riesgo que co-
rreríamos al observar el león, si este
decidiera, por ejemplo, desviar su atención de la cebra hacia nosotros. En
segundo lugar, África queda lejos, más
allá de un costoso viaje. Los insectos,
sin embargo, nos rodean a cada paso.
Buena parte de ellos pueden ser disfru-

lifestyles is as much fun as observing
the interactions between zebras,
gazelles and lions. The only real difference—size—is actually a great advantage.

First of all, when watching insects
we are not at risk as we would be
watching a lion if he decides, all of a
sudden, to switch his attention from a
zebra to us. Second, Africa lies far
away, on the other side of a costly trip.
Insects, however, are all around us. A
good many of them can be observed
with the naked eye, and others with a
simple magnifying glass. Smallness
shouldn't be, by itself, a reason for dis-
dain; think of a wristwatch, your own
eyes, a pearl, or a hummingbird. Think
of the hummingbird's brain; and that
of the mites that hide in his nostrils!

Some things just cannot be large or
they become useless. A wristwatch the
size of a frying pan, for example, would
be so uncomfortable that it would
always be left at home, probably hanging on the wall. An ant the size of an
elephant would be unfit for life; its
thin legs would surely be unable to support so much weight. Neither could it,
for example, dig a hole big enough to
lay its eggs and store food for the winter. But there are two more important
reasons why insects never reach the
size of a rat.

The first is the fact that they have
an external skeleton. This might seem
trivial, but it is not. In order to grow, a
cat—or an elephant, for that matter—
only has to add more material to the
same skeleton it was born with; in this

tados a simple vista, y otros con la ayuda de una simple lupa. La pequeñez no debe ser, por sí misma, motivo de desprecio; piensa en un reloj pulsera, en tus ojos, en una perla, o en un zumbador. Piensa en el cerebro del zumbador; ¡y en el de los ácaros que se esconden en sus fosas nasales!

Hay cosas que no pueden ser grandes, porque pierden su función. Un reloj pulsera del tamaño de una sartén, por ejemplo, sería tan incómodo que lo dejaríamos siempre en casa, colgado de una pared. Una hormiga del tamaño de un elefante sería incapaz de vivir; las delgadas patas no podría soportar tanto peso. Tampoco podría, por ejemplo, cavar en el suelo una guarida lo suficiente grande donde poner sus huevos y almacenar el alimento de invierno. Pero hay dos razones aún más básicas por las cuales los insectos jamás sobrepasan la talla de un ratón.

La primera es que tienen el esqueleto externo. Esto pudiera parecer un asunto sin importancia, pero no lo es. Para crecer, un gato —al igual que un elefante— sólo tiene que adicionar material al mismo esqueleto con que nace; así sus huesos se hacen cada vez más y más fuertes, y soportan el peso del cuerpo y la tensión de sus músculos. Un insecto que alcanzara el tamaño de un gato necesitaría también un esqueleto bastante fuerte y pesado. Su problema sería que, debido a que el esqueleto está *por fuera*, y limita el crecimiento, tendría que cambiarlo 30 ó 40 veces durante su crecimiento (¡y el insecto-tamaño-elefante más de cien!). La fabri-

way the bones become stronger, and support both the increasing weight of the whole body and the tension created by its muscles. The problem with the insects would be that, since the skeleton is *on the outside* and limits growth, an insect the size of a cat would have to molt thirty to forty times in order to reach adult size (an elephant-sized insect would have to molt more than 100 times!). The production of each new skeleton would require a huge amount of energy, and such waste would be an unbearable burden.

The second reason is in their way of breathing, which is completely different from that of most vertebrates. Frogs, lizards, snakes, birds, bats and people all have lungs, built for taking in a huge volume of air with each inhalation. To crown the bliss, we have special cells in our blood—ones that give it red color—capable of grasping oxygen and carrying it to the remotest parts of the body. But the lungs, although marvelous to us, are lousy when too small. This limits the minimum size of vertebrates and bars them from invading the Lilliputian spaces used by insects. There are not, and there cannot be, turtles the size of a mite nor todies with the proportions of a fly.

Insects have no lungs, and their blood lacks the cells to transport oxygen; this is why their blood is colorless or, in some cases, slightly greenish. In insects, oxygen reaches each muscle and internal organ through a great number of short tubes scattered all over the body, called *tracheae*. These work

cación de cada nuevo esqueleto consumiría muchas energías, y semejante despilfarro sería insoportable.

La segunda razón está en su forma de respirar, por completo diferente de la mayoría de los vertebrados. Las ranas, lagartos, serpientes, aves, murciélagos y personas tenemos pulmones capaces de tomar del ambiente, con cada inhalación, un gran volumen de aire. Por si esto fuera poco, tenemos en la sangre células especiales (responsables del color rojo) que transportan el oxígeno hasta los últimos rincones del cuerpo. Pero los pulmones, aunque maravillosos para nosotros, funcionan mal cuando son demasiado chicos. Esto limita el tamaño mínimo de los vertebrados y les prohíbe invadir los espacios liliputienses donde viven los insectos. Por eso no hay, ni puede haber, jicoteas del tamaño de ácaros, ni sampedritos de la talla de una mosca.

Los insectos no tienen pulmones, y su sangre carece de células para transportar oxígeno; por eso ésta es incolora o, la de algunas especies, ligeramente verdosa. En ellos, el oxígeno llega a cada músculo y órgano interno mediante un gran número de canales cortos llamados _tráqueas_. Las tráqueas funcionan bien sólo en animales muy pequeños, cuyos músculos y órganos están a pocos milímetros de la superficie del cuerpo. Si los insectos fueran de mayor talla, sin embargo, las tráqueas tendrían que ser larguísimas y se aplastarían con el propio peso de sus cuerpos: morirían ahogados. Gracias a esta limitación de las tráqueas no puede haber, para suerte

well only if the animal is very small, with muscles and organs just a fraction of an inch from the surface of the body. If insects were larger, however, the tracheae would have to be very long, and they would be crushed by the greater body weight: they would die from suffocation. Thanks to this limitation of tracheae, we happily live free of mosquitoes the size of a hummingbird, and flies as big as a pigeon.

The breathing system of insects has one great advantage: the oxygen reaches every muscle directly. Insects thus avoid the delay of carrying it in the blood from the lungs and, as a result, have a much greater capacity for work than any vertebrate, with no need to "take breaks."

Thanks to their "primitive" way of breathing, insects are fit for tricks that are to us undreamable. A carpenter bee can fly nonstop many hours, beating its wings at the frenzied rate of 250 times per second!; any ant is qualified for carrying loads many times its own weight on its head for hours on end; a common flea can jump a distance 200 times longer than itself; and there are beetles that, on hard ground, are able to dig a tunnel twelve times larger than themselves in eight hours. Which of us vertebrates—hummingbird, human, kangaroo or mole—is competent for such feats?! Even considering all this, in our culture insects have the worst reputation. They never appear in paintings nor in poetry, and sport teams are only rarely named after them. This is not fair.

nuestra, mosquitos de la talla de un zumbador, ni moscas del tamaño de una paloma.

La forma de respiración de los insectos tiene una ventaja importante: el oxígeno llega a los músculos de manera directa. Con ello se evitan la demora de transportarlo por la sangre desde los pulmones y, en consecuencia, los insectos tienen una capacidad de trabajo muy superior a la de cualquier vertebrado, sin necesidad de tomarse descansos.

Gracias a su respiración "primitiva" los insectos logran hazañas para nosotros insoñables. Un abejón puede volar largas horas, batiendo sin descanso sus alas al frenético ritmo de ¡250 veces cada segundo!; cualquier hormiga es capaz de llevar sobre su cabeza, también durante horas, cargas varias veces superiores a su propio peso; una vulgar pulga puede saltar una distancia 200 veces mayor que su cuerpo; y hay escarabajos capaces de excavar en tierra dura, en ocho horas, un túnel doce veces más largo que su cuerpo. ¡¿Quién de nosotros —zumbador, persona, canguro o topo— sería capaz de igualar estas proezas?! Con todo y eso, en nuestra cultura los insectos tienen la peor reputación. Jamás aparecen en la pintura, ni tampoco en la poesía, y los equipos deportivos sólo de rareza llevan el nombre de alguno. No es justo.

Entre los insectos más indeseables están, después de los mosquitos y las moscas, los **comejenes** o termitas. En

After mosquitoes and flies, the **termites** are typically considered among the most undesirable of insects. Puerto Rico houses just over a dozen kinds of them. Some eat leaves or fungi, while others—the infamous—have a good appetite for wood. For a termite, a drawer or a window frame is like a

Los comejenes de cabeza oscura son soldados. Se observan también algunas obreras de cabeza de color claro.

The many dark-headed termites are all soldiers. A few workers, with light heads, can also be observed.

chocolate cake or an apple pie. In a matter of months they can turn a whole door (their pepperoni pizza) into a brownish pile of grains. Hence their lousy reputation.

Our planet is home to more than

Puerto Rico viven algo más de una docena de comejenes diferentes. Algunos se alimentan de hojas y hongos, otros —los famosos . . . — tienen buen apetito por la madera. Para ellos un gavetero o el marco de una ventana equivale a una torta de chocolate o un pastel de manzana. En cuestión de un año son capaces de transformar una puerta (su pizza de pepperoni) en arenilla parda. De ahí su pésima fama.

En nuestro planeta viven más de 2.000 comejenes diferentes. Algunos prefieren vivir en sitios húmedos, otros en ambientes secos; los hay con predilección por la madera dura o blanda. La mayoría habita los bosques tropicales, donde la diversidad de las maderas es mayor. Por tener cierto parecido con las hormigas, a veces se les llama "hormigas blancas", aunque no son hormigas. Sus primas más cercanas son las cucarachas, y de hecho existen tres especies de cucarachas que se alimentan, como los comejenes, de pura madera. Resulta curioso que las termitas no pueden por sí solas digerir madera. Tienen en su intestino, sin embargo, bacterias y otros microorganismos que se encargan de iniciar la digestión.

Los comejenes viven todos en comunidades tumultuarias, de hasta centenares de miles de individuos. Las pelotas, como de cartón corrugado, que se pueden ver adheridas al tronco de algunos árboles, son "ciudades" de estos insectos, llamadas *termiteros* o *comejeneros*. Estos son como hoteles, donde la vida está muy bien organizada. En cada

2000 different termites. Some of them prefer to live in humid environments, others in dry ones; there are those that have a fancy for hard- or for softwoods. Most termites live in tropical forests, where the diversity of wood is greater. Since they look somewhat like ants, they are sometimes called "white ants," although they are not ants at all. The termites' closest relatives are the cockroaches, and there are, in fact, a few species of cockroaches with an excellent appetite for wood. It is a curious fact that termites cannot, on their own, digest wood. The bacteria and other microorganisms that they carry in their gut, though, are in charge of starting the digestion.

Termites live in huge societies of up to hundreds of thousands of individuals. The big brown spheres that can be found glued to some tree trunks in Puerto Rico, which seem made of corrugated carton, are termite nests: their cities. These are like gigantic hotels, where life is very well organized. Inside a nest live termites of various *castes*—the so-called *soldiers*, *workers* and the "royal couple"—each with a different shape and social role. Other termites live inside the same tree trunks they are feeding upon, and never wander outside.

Unlike ants, termites have a soft body. So soft, in fact, that it is difficult to pick one up without damaging the animal. Termite soldiers also have a soft abdomen, but their enormous head is heavily armored, and armed. The soldiers of some species have oversized

termitero viven insectos de diferentes castas —soldados, obreros, y la "pareja real"—, con aspecto y función social peculiares. Algunos comejenes habitan los propios troncos de los cuales se alimentan y jamás se asoman al mundo exterior.

A diferencia de las hormigas, los comejenes tienen el cuerpo blando. Tanto, que resulta difícil agarrar uno con los dedos sin dañarlo. Las termitas-soldados también tienen el abdomen así, pero su enorme cabeza tiene blindaje duro, y está artillada. Los soldados de algunas especies portan tenazas de tallas desmesuradas, capaces de producir heridas a insectos atacantes. Los soldados de otras especies tienen sobre la cabeza una suerte de tarro, por cuya punta disparan una sustancia pegajosa y tóxica. El arsenal no los protege contra los depredadores de mayor talla, pero es muy eficaz para mantener a raya a las hormigas.

El cuerpo de las termitas-obreras, sin embargo, está diseñado para trabajar. Con sus mandíbulas ellas raspan la madera, cuidan de huevos y larvas, y se encargan de construir, reparar y agrandar periódicamente el termitero. También fabrican los túneles por donde circulan —a escondidas— desde el termitero hasta los troncos que son su alimento. La vida en completa oscuridad hizo que los comejenes perdieran, durante su evolución, los ojos.

En lo profundo de cada termitero vive la "pareja real", perteneciente a una tercera casta, los reproductores. Se trata de un macho (o unos pocos) y una

mandibles, designed to physically injure predatory insects. Those of other species have a horn-like projection on the front of their head and shoot out a sticky and toxic substance through its tip. This weaponry is of no avail against large predators, but is very effective for keeping ants at bay.

The body of termite workers, though, is fit to deal with life's everyday tasks. Aside from chewing wood, they care for eggs and larvae with their mandibles and do all the construction, repair and regular enlargement of the nest. They also build tunnels in order to secretly do their errands in search of food. Life in complete darkness during their evolution allowed the termites to lose their eyes.

The "royal couple," a male (or a few of them) and one female, are called "king" and "queen." This third and last caste lives deep inside the nest and is entirely dedicated to reproduction. Although exceptional for having eyes, this "royal couple" bear no crown and give no orders. The queen, on the contrary, is a slave of egg production; according to the species, she lays between dozens and thousands of them every day! In order to fulfill this task her abdomen is of enormous proportions and may weigh as much as a hundred workers. Since she is obviously incapable of taking even a single step, the workers take care of bringing the food to her mouth.

Although soldier- and worker-termites commonly live a few months at the most, the life span of the reproduc-

hembra a los que se les llama "rey" y "reina". Aunque excepcionales por poseer ojos, esta "pareja real" no porta coronas, ni se dedica a dar órdenes. La reina, por el contrario, es esclava de la producción de huevos: ¡deposita cada día, según la especie, entre decenas y millares de ellos! Para poder cumplir esta tarea tiene el vientre de proporciones monstruosas y puede pesar tanto como un centenar de obreras. Es incapaz, por supuesto, de dar siquiera un paso y las obreras le traen el alimento a la boca.

Aunque los comejenes soldados y los obreros por lo común viven, cuanto más, unos pocos meses, los reproductores —y en particular de la reina— miden su existencia en años. Se conoce de algunos termiteros boricuas que han existido por casi dos décadas, probablemente con la misma reina.

Parte de los huevos depositados por la reina se transforman en machos y hembras alados. Cuando el número de éstos es suficientemente grande, realizan al atardecer una escapada masiva. En cuanto abandonan su refugio levantan vuelo. Como las alas son grandes y vuelan despacio, desde lejos el termitero parece despedir humo como un volcán. Al rato sobrepasan la altura del bosque, y entonces la brisa los empuja en distintas direcciones.

Muchos comejenes alados, sin embargo, ni siquiera logran despegar. A la salida del termitero los acechan lagartos, avispas, hormigas, arañas, alacranes. Para ellos la ocasión es un festín de los grandes. Ya en el aire, las

tive caste—and especially that of the queen—is measured in years. It is known that some Puerto Rican termite nests have existed for almost two decades, probably with the same queen.

Part of the eggs laid by the queen turn into winged individuals of both sexes. When the number of these is sufficiently large, they massively escape from the nest, as a rule in the late afternoon. As soon as they abandon their quarters they take off. Since the wings are large, they fly slowly, and from a distance the nest seems to be fuming like a volcano. Shortly afterward, they rise beyond the upper limit of the forest and are pushed by the breeze in different directions.

Many winged termites, though, never manage to take off. Outside the nest predators lie in wait: lizards, wasps, ants, spiders, scorpions. For them the occasion is a big banquet. Once the survivors pass the height of the forest, birds and bats start their own fill. The number of winged termites, however, is so large that a good share manages to escape. While still in the air, each male searches for a female, and together they reach the ground where they immediately drop their wings and hide to start a new colony.

Not a single kind of termite feeds upon the wood of living branches or trees. By ingesting dead wood, they transform the fallen trunks into fertilizer for still-growing vegetation. When, on the other hand, termites fall prey, wood is turned into food for birds

aves y los murciélagos inician su propio banquete. El número de alados, sin embargo, es tan copioso, que buena parte logra escapar. En pleno vuelo cada macho sobreviviente busca una hembra, y unidos llegan al suelo donde sin demora largan las alas y se esconden para inaugurar una colonia.

Ningún comején ataca la madera de ramas o árboles vivos. Al consumir madera muerta, ellos convierten los troncos caídos en fertilizante para las plantas jóvenes. Cuando, por el contrario, ellos mismos son devorados,

and lizards. Termites also benefit other insects; there are beetles, crickets, ants and bees that live or sleep within their nests. These insects have secret adaptations that inhibit the aggression of termite soldiers, and thus enjoy the safeness of these cardboard fortresses. Far from being harmful, termites are essential to the forests' health.

There are about 5000 kinds of **dragonflies** in the world, all of them experts at capturing insects in mid-flight.

Caballitos de San Pedro, en cópula. *Mating narrow-winged damselflies.*

transforman la madera en alimento para muchas aves y lagartijos. También brindan beneficios a otros insectos, pues hay escarabajos, grillos, hormigas

Tremendously swift, dragonflies can spend most of the day airborne; they manage just by beating their two pairs of longish, onionskin-thin wings every

y abejas que viven o duermen en los termiteros. Éstos tienen adaptaciones secretas que evitan las agresiones de las termitas-soldados, y así aprovechan para sí mismos la excelente protección de estas fortalezas. Lejos de ser dañinos, los comejenes son imprescindibles en los bosques.

Se conoce que en el mundo viven unas cinco mil especies de **libélulas**, todas ellas expertas en capturar insectos al vuelo. La extrema ligereza les permite pasar la mayor parte del día en el aire; para ello les basta, de cuando en cuando, agitar un poco los dos pares de delgadísimas y largas alas. En Puerto Rico, donde se las llama *caballitos de San Pedro*, hay 49 especies, y vienen en color marrón, anaranjado, verde, azul marino y rojo chillón.

Los ojos de los caballitos de San Pedro, como los de todos los insectos, son llamados *compuestos*, pues están hechos de muchas lentes pequeñísimas. Los de la mayoría de los insectos tienen entre algunos cientos y unas pocas miles de lentes, y la imagen que obtienen del mundo exterior es pobre. Los tábanos, cuya vista es buena, tienen ojos compuestos de unos 20.000 lentes. Pero el récord pertenece a las libélulas, con 30.000. Su imagen del mundo debe tener la misma nitidez que aparece en la pantalla de un televisor de los más pequeños. Mediante experimentos se ha demostrado que distinguen los colores.

Con las libélulas ocurre algo ex-

now and then. In Puerto Rico they are called *caballitos de San Pedro* (meaning "Saint Peter's little horses"). There are forty-nine species of them, and they

Saltamontes joven que aún no ha desarrollado alas, y por tanto es incapaz de volar.

A young grasshopper that still has not developed wings and is incapable of flight.

come in brown, orange, green, ocean blue, and bright red.

The eyes of dragonflies, as those of all other insects, are made up of many small lenses, and thus called *compound*. Those of the majority of the insects have between a few hundred and a few thousand of these miniature lenses, and their image of the outer world is of a rather poor quality. Horseflies have pretty good sight, and their compound eyes are made of about 20,000 lenses. But the record belongs to the dragonflies with 30,000 of these. Their picture of the outer world must have about the same sharpness as the image produced by a pocket-sized TV set.

traordinario, pero común entre los insectos: la larva tiene vida y aspecto por completo diferentes del adulto. En este caso las larvas son por entero acuáticas y su propulsión, como la de los más modernos aviones, es a chorro. Se las llama *náyades*, y —en los ambientes tropicales— pasan unos tres meses en el líquido, a la caza de presas pequeñas, desde lombrices y caracolillos hasta renacuajos y peces.

A juzgar por los fósiles, los caballitos de San Pedro inauguraron la aviación animal hace unos 280 millones de años (las aves cruzaron el cielo por vez primera 160 millones de años después; los murciélagos aún 100 millones de años más tarde). Entre los ejemplares más antiguos, dicho sea de paso, está el récord absoluto de tamaño entre los insectos: de punta a punta de alas alcanzaban tanto como ¡70 centímetros! No debemos sorprendernos, por tanto, cuando en el futuro se descubran fósiles todavía más antiguos de otros insectos voladores: los que servían de alimento a aquellas libélulas gigantes.

Los **saltamontes** tienen una capacidad de salto proverbial y otra, no menos impresionante, para hacer ruidos. En Puerto Rico se conocen varias decenas de estos formidables gimnastas vegetarianos. La mayoría son más bien pequeños, y los hay grises, pardos y por completo verdes. Algunos habitan ambientes rocosos y áridos; otros son propios de bosques húmedos.

Through experiments it has been shown that these insects have good color vision.

Each dragonfly, like insects of many other groups, has a traumatic life: the larvae and adult have distinct anatomies and lead entirely different lives. In this case the larvae are completely aquatic and—like most modern airplanes—move by jet propulsion. In the tropics, the larvae spend about three months in the water, hunting small prey from worms and snails to tadpoles and fish.

According to the fossil record, dragonflies inaugurated animal aviation some 300 million years ago (birds crossed the skies for the first time about 160 million years later; and bats still 100 million years after them). One of the earliest examples is a huge dragonfly of absolute record size for insects: its wingspan was over two feet! Earlier fossils of flying insects are still to be found—of those insects that were prey to the ancient gigantic dragonflies.

Grasshoppers (and katydids) have an incredible capacity for jumping, and another one, no less impressive, for making noise. Several dozen kinds of these outstanding vegetarian sports-critters are known from Puerto Rico. Most are rather small and they come in gray, brown and green. Some of them live in rocky and arid environments; others are found in humid forests.

The athletic and sound-producing excellence of the grasshoppers are both

La excelencia atlética y sonora de los saltamontes está relacionada con los muy potentes muslos. Un campeón olímpico de salto de longitud es incapaz de brincar por sobre un automóvil, y comparados con él, los saltamontes son superatletas. Las patas posteriores, realmente excepcionales, son dos veces más largas que las demás y de una musculatura especial, capaz de acumular, como un resorte, la energía. Cuando el pequeño cerebro da a las patas la orden apropiada, los saltamontes salvan distancias de hasta 40 veces el largo de su cuerpo. Para igualar semejante hazaña, una persona tendría que brincar por encima de una fila de cinco ó seis autobuses.

Debido a que los saltamontes por lo general son solitarios y están muy bien enmascarados, hembras y machos no se buscan con la vista. Los machos de muchas especies tienen nódulos duros en la cara interior de los muslos, y al hacerlos rozar con el borde de las alas producen el familiar y muy sonoro chirrido. Las hembras captan ese sonido también con las patas: sus oídos están en la cara delantera del primer par. Moviendo el cuerpo a uno y otro lado, la hembra determina en qué dirección se encuentra el posible esposo. Después salta-vuela hacia él. A fin de evitar confusiones, cada especie de saltamontes tiene, por supuesto, un chirrido peculiar.

Otra de las funciones de los muy atléticos —¡y espinosos!— muslos es, al ser atrapados, la de poder patear con fuerza a los depredadores. En caso

related to their powerful thighs. An Olympic long jump medallist could never leap over the roof of a car, and compared to him grasshoppers are super-athletes. Their really exceptional rear legs are twice longer than the rest and of a special musculature that accumulates energy like a spring. When the little brain sends out the proper command, these insects shoot up and ahead reaching distances up to forty times the length of their body. In order to match such feat, a person should jump over a line of five or six buses.

Since grasshoppers lead widely dispersed, solitary lives, and are very neatly colored to match their surroundings, male and female do not search each other by sight. The males of many species have a row of pegs on the inner surface of the thighs, and by scraping the wings against these, produce the loud and familiar chirps, buzzes and ticks. The female receives these sounds also with her legs: her ears are at the frontal surface of the first pair. By moving her body left and right, she finds out in which direction her potential husband can be found. Then jumps-flies to him. In order to avoid mismatches, the males of each species of grasshopper produce a peculiar sound.

Another use for the powerful—and quite spiny—thighs is to kick away any threatening carnivore. In extreme cases, if a grasshopper is held by a leg, it will let it go, and escape. They have a special muscle for this at the base of

extremo, si un saltamontes es retenido por una pata, generalmente la regala y escapa con vida. Para librarse de ella le basta contraer un músculo especial situado en la base.

En las montañas de El Yunque el aire es siempre fresco y húmedo, llueve casi a diario, y los árboles son verdísimos. Allí, a un kilómetro sobre el nivel del

each leg, and with contraction the extremity will simply drop off.

High up in the mountains of El Yunque the air is always fresh and humid, there are downpours almost every single day, and trees are intensely green. There, about three-quarters of a mile above sea level, **stick insects** of at least four different kinds live.

Delgado, insustancial y bien enmascarado, este insecto-palo vive ajeno al peligro de ser detectado y devorado.

Slim, unsubstantial and well camouflaged, this stick insect is quite free of the danger of being spotted and devoured.

mar, vive un gran número de **insectos-palo**, de al menos cuatro especies diferentes.

Los insectos-palo son parientes de

Stick insects are relatives of grasshoppers and, like them, vegetarian. If we were to build a small plasticine grasshopper, and then thin-out

los saltamontes, y vegetarianos como ellos. Si fabricáramos un saltamontes de plastilina y luego adelgazamos mucho su cuerpo y patas, obtendríamos la figura de un insecto-palo. Así funcionó la evolución: hace 200 millones de años afinó a un saltamontes de verdad. En consecuencia, ya no necesitaba saltar para salvarse de las aves; mejor le resultaba quedarse quieto. Hoy se conocen en el mundo unas 2.500 especies.

Buscar insectos-palo durante el día es algo que nadie hace en su sano juicio: probablemente no encontraría uno solo. Cuerpos y patas son larguísimos y delgados, y duermen inmóviles y muy pegados a las ramas, lo cual hace casi imposible distinguirlos. Les ayuda en esto el color: verdes, los que viven sobre los tallos crecientes; y pardos con manchas los que se posan sobre ramas de corteza ya endurecida. En adición, algunos tienen la habilidad de cambiar de un color a otro. Si se les busca de noche, con linternas, sus cuerpos se destacan de la negrura del fondo, y entonces aparecen a montones.

Incluso durante la noche, cuando están "activos", estos insectos pueden permanecer muchos minutos sin moverse de lugar; y cuando se deciden a avanzar, lo hacen con una lentitud increíble. Su parsimonia llega a extremos: se dejan agarrar con la mano. Si se les molesta, en vez de correr se dejan caer al suelo, y durante un rato largo fingen estar muertos. Las hembras de algunos insectos-palo ni siquiera se preocupan por buscar un macho para

the body and legs, we would end up with a close model of a stick insect. And that is just the way evolution worked: 200 million years back it slimmed down a grasshopper-like ancestor. As a consequence, the animal did not need to jump in order to avoid the birds; sitting still was also a good option for survival. Today some 2500 species of stick insects are known throughout the world.

No one with a clear mind sets out to search for stick insects in broad daylight: he or she probably wouldn't find a single one. With their very slender body and legs, they sleep motionless stretched along the branches, and are quite difficult to single-out. Color helps: green the ones that live on growing branches; brown and spotted those perched on seasoned bark. In addition, some stick insects have the ability to change color. But if they are searched for at night, the bodies stand out against the black background, and a good many can be spotted.

Even during the night, when they are "active," stick insects can stay motionless for many minutes in a row; and when they do move, they are incredibly languorous. Their gait is so unhurried that they can easily be picked up by hand. When annoyed, instead of running they just drop to the ground, and for a long time fake dead. Females of some stick insects don't even bother looking for a male to fertilize their eggs: they lay special eggs from which only little female stick insects are born. On top of that, they

fecundar sus huevos: ponen huevos especiales, de los cuales nacen sólo insectos hembra. Para colmo, no se molestan por ponerlos en algún lugar resguardado: los dejan caer al suelo.

La total incapacidad de los insectos-palo para el apuro podría indicar desventaja al eludir a los depredadores.

Pareja de insectos-palo, en cópula (arriba y páginas anteriores).

Mating pair of stick insects (above and previous pages.

Lo cierto es, sin embargo, que ellos —a diferencia de los saltamontes— sólo muy raramente son presas del coquí, de otras ranas, de lagartos, o de las aves. Al parecer, la extrema delgadez de esos animales no sólo los ayuda a camuflarse bien entre las ramitas delgadas, sino que también los convierte en bocados de poca sustancia e interés.

De entre todos los insectos, los maestros más sobresalientes en el arte de camuflarse son los **mántidos**. Su antigüedad sobre el planeta es poca —apenas unos 30 millones de años— y quizás por eso existan apenas unas

don't pack their eggs or lay them in some special place, but just drop them to the ground.

The complete incapacity of stick insects for hurrying could indicate a disadvantage—not being able to flee from predators. The truth is, however, that they only rarely fall prey to *coquís*, other froglets, lizards, or birds. The extreme thinness of these insects not only assists them in blending in with the thin branches, but also makes them less than a mouthful and therefore of little interest as prey.

Among insects, the **mantids** are the most outstanding masters of disguise. The first of these stealthy predators appeared upon the planet rather recently: some 30 million years ago. Perhaps for this reason only 1800 species are known to exist. Though able to make swift movements, mantids spend most of the day motionless. Hunters in broad daylight and open spaces, they are almost impossible to discover in the wild.

None of the Antillean islands is home to even a dozen kinds of mantids. Puerto Rico has two or three species. One is green and lives among leaves; and another one is grayish brown—as if smirched with ashes—and spends its whole life on the tree trunks.

Even though mantids are never common—and always hard to spot!—they inspire a great deal of admiration. Their charm may lie in the longish first pair of legs that, up in the air and free

La excelente vista y agilidad permiten al mántido el éxito en la captura de presas.

Excellent sight and lightning speed allow the mantis good hunting success.

1.800 especies. Aunque bastante ágiles, los mántidos permanecen casi todo el tiempo inmóviles. Cazan en pleno día y a plena luz, pero son casi imposibles de descubrir en su ambiente natural.

from having to support the body, look and function like our own arms. Or maybe it lies in their unsurpassable efficiency as hunters; mantids capture almost every insect that ventures close

Ninguna de las islas antillanas alcanza a tener ni siquiera una decena de mántidos diferentes. En Puerto Rico se conocen sólo dos o tres especies. Uno de ellos es verde y vive entre las hojas; y otro —de cuerpo pardo grisáceo, como manchado de cenizas— pasa su vida sobre el tronco de los árboles.

Aunque son raros —¡y muy difíciles de encontrar!— los mántidos inspiran una gran admiración. Su encanto quizás resida en las largas extremidades delanteras que, recogidas en alto y libres de la función de sostener el cuerpo, semejan nuestros brazos. O quizás sea su envidiable eficiencia al cazar: capturan casi la totalidad de los insectos que se le acercan, y lo hacen sin aspavientos, con un gasto mínimo de energías. En Japón, hasta hace apenas algunas décadas, hubo samurais que usaban espadas en cuya empuñadura estaba la figura de un insecto mántido.

Los mántidos tienen la cabeza en forma de triángulo, con la punta delantera hacia abajo, y comparten con nosotros la habilidad de moverla en todas direcciones. Esto lo hacen muy despacio, tanto, que apenas si se nota. El propósito, precisamente, es no asustar a sus posibles presas. Cuando aparece un insecto pequeño, el cazador se mueve hacia él con extrema cautela y, ya a corta distancia, lanza las muy jorobadas patas delanteras al encuentro de la presa. Rara vez falla, pues esto ocurre a la velocidad de un relámpago. Las patas están armadas de espinas largas, puntiagudas, que retienen a la

enough, and they do it without mess, with a minimum waste of energy. In Japan, until not long ago, there were samurais that decorated their sword handle with the figure of a mantid.

The mantids have a triangular head, with the mouth end pointing down, and they share with us the ability to move it in every direction. They do this very slowly, so much so, in fact, that it is barely noticeable. The idea behind such careful movements is not to scare away potential prey. When an insect shows up, the hunter moves in cautiously and, at close range, stretches out its tightly folded front legs. It rarely misses a hit, since this all occurs at the speed of lightning. The front legs are armed with long, needle-pointed spines, which firmly grasp the victim.

In their love affairs, the female mantid is quite unromantic; the male, as a consequence, leads a risky life. The male approaches the female only after much hesitation, and with much care, since he can be confused with a potential prey. Matters turn worse after copulation starts, since then his life is in great danger: in most cases he is simply devoured. The female later releases a package of about 100 eggs. From the moment they emerge from the egg, the youngsters have the looks and appetite of their parents. Mantids are sometimes reproduced in captivity, and their egg cases dispersed in agricultural plots. The newborns' voracious appetite is thus put to work to control insect plagues.

víctima con firmeza.

En cuestión de amor los mántidos hembra son poco románticas; los machos, en consecuencia, llevan una vida riesgosa. Ellos se acercan a las hembras después de mil titubeos y cuidados, pues pueden ser confundidos con una presa. Pero el asunto empeora al iniciarse la cópula; entonces su vida sí está en grave peligro: la mayoría de las veces es devorado. La hembra suelta después un paquete de huevos del cual nace un centenar de críos de apariencia y apetito bastante similares a los padres. Por su voracidad, los mántidos son a veces criados en cautiverio para después colocar sus paquetes de huevos en los cultivos. Los críos luego se encargan de consumir los insectos más abundantes, con lo cual controlan las plagas.

La mariposa nocturna de alas transparentes es nativa de Puerto Rico, aunque también vive en otras partes de América.

The clearwing moth is native to Puerto Rico, but also lives in other nearby lands.

En Puerto Rico viven 106 **mariposas** diurnas diferentes, cuatro de ellas endémicas de la isla. Las 102 restantes son compartidas con las demás islas antillanas, y algunas incluso habitan América del Norte o del Sur. Un millar adicional de mariposas, en su mayoría pardas y pequeñas, busca su sustento bajo las estrellas.

Las mariposas son ligeras como papel, y los vientos fuertes las empujan con facilidad a través del mar. Pero su capacidad de vuelo no debe ser subestimada: incluso en días soleados y de escasa brisa a menudo se ven mariposas volando sobre los estrechos que separan a Puerto Rico de las islas vecinas. Vuelan muy bajo, casi rozando la superficie, y parece que de un momento

There are 106 **butterfly** species in Puerto Rico, four of them endemic. The bulk—102—is shared with other Antillean islands, and some even with North or South America. An additional thousand kinds of *lepidopterans*—the moths—are as a rule small and brownish, and feed under the stars.

Butterflies are as light as paper, and strong winds can push them easily across the sea. But their flight capabilities should not be underestimated: even on a sunny, windless day, butterflies are often seen flying across the straits that separate Puerto Rico from neighboring islands. They fly close to the surface, and it seems that any minute they will drop, tired, to the surface of the ocean. But no, they can be

a otro caerán agotadas sobre el mar; pero no, se las puede seguir con la vista, hasta perderlas. Algunas van a favor de la brisa, otras en contra; algunas se aproximan a una isla cercana, otras acaban de partir. Nadie sabe bien si estos vuelos son regulares o de excepción, ni

followed until out of sight. Some of them move with the breeze, others against the wind; some are approaching a nearby island, others have just left it. No one knows if these flights are regular or exceptional; nor if these butterflies make round-trips from one island

▲ Incapaz de ver, de oir y de oler, la oruga de la mariposa pavorreal está bien armada para desanimar a los depredadores potenciales. Con todo y eso, sólo sale a comer durante la noche.

Unable to see, hear or smell, this caterpillar of the Caribbean peacock butterfly is well armed to deter would-be predators. Just in case, it will only feed at night.

▶ Mariposa urbanus (páginas siguientes). *Long-tailed skipper (following pages).*

si algunas mariposas hacen viajes de ida y vuelta.

Las mariposas (o *lepidópteros*) surgieron hace unos 130 millones de años, y sabemos por los fósiles que justo por aquella época aparecieron las

to another. This has been little studied.

The most ancient fossil butterflies are about 130 million years old, and this is just about the time that the first flowers appeared. The coincidence is not casual: they are made one for the

primeras flores. La coincidencia no es casual: surgieron precisamente unas para otras, como esos dos importantes inventos del hombre, la tuerca y el tornillo. Ambas se ayudan; las plantas regalan néctar a las mariposas, y éstas, a cambio, trasladan los polvos repro-

La mariposa malaquita habita la mayoría de las islas antillanas.

The malachite butterfly also lives on most of the other Antillean islands.

ductivos —el *polen*— de una flor a otra. La antigüedad y el éxito de esta asociación explican por qué sobre el planeta disfrutamos hoy la existencia de unas 175.000 especies de mariposas.

Durante su corta vida, las mariposas adultas toman néctar donde lo encuentren: ahora en esta flor, luego en aquella otra. No tienen preferencia alguna, pues su instrumento de colecta, la larga trompa o *proboscis*, alcanza para tomar el azucarado líquido del fondo de casi cualquier flor. Vale preguntarse entonces por qué hay tantas

other, just like those two important human inventions, the nut and the bolt. Butterflies and flowers assist each other; plants offer the insects sugary nectar and, in exchange, butterflies carry the reproductive powder—the *pollen*—from one flower to another. The antiquity and success of this relationship explains why today we enjoy the sight of 175,000 butterfly and moth species living on the planet.

During their short life span, adult butterflies take nectar from just about any kind of flower in their path. As a rule they have no preferences, since their nectar-gathering instrument—the tongue-like *proboscis*—is long enough to reach the sugary liquid from the bot-

La mariposa *(Perichares philetes)* aparece aquí completamente dormida, sobre una hoja de un cafeto.

This grass skipper is shown here completely asleep, on a coffee plant leaf.

tom of most flowers. It is useful, then, to ask ourselves why there are so many species of butterflies. Is it for our enjoyment?

The answer is no. It happens that

especies de mariposas. ¿Para agrado nuestro?

La respuesta es no. Ocurre que cada mariposa pasa la mitad de su existencia sin volar, sin ver el paisaje, y sin consumir el dulce néctar. De los huevos

each butterfly spends half of its existence without flying, without even a glimpse of what the world looks like, and without consuming sweet nectar. The tiny caterpillars that come out from butterfly eggs, it turns out, have

La fritilaria del golfo es una de las mariposas que son regularmente exportadas de Puerto Rico —y también importadas a la isla— por los huracanes.

The gulf fritillary is one of the butterfly species regularly exported from Puerto Rico—and also imported from abroad—by hurricanes.

que ponen las mariposas nacen orugas muy pequeñas con un apetito insaciable por hojas tiernas; y si el número de orugas es grande, la vida de la planta puede peligrar. Las plantas, por su parte, no son tan insensibles como parecen, y para repeler las orugas y otros animales herbívoros han desarrollado muchas defensas: sustancias de

an insatiable appetite for tender leaves; and if the number of caterpillars is great, the plant's life would be in danger. Plants, on the other hand, are not as unfeeling as they seem, and in order to repel the caterpillars have developed many defenses: foul-tasting substances, spines, poisons. In the course of evolution, though, caterpillars have

mal sabor, espinas, venenos. Durante la evolución, sin embargo, las orugas han mejorando cada año su capacidad para atacar a una u otra planta. Una consecuencia importante de esta interminable competencia es que las orugas de la mayoría de las mariposas son capaces de ingerir las hojas de sólo una especie de planta, o de unas pocas. Lo que hay son *muchos tipos de orugas* para alimentarse de muchos tipos de plantas. Por eso en cualquier bosque vemos decenas de especies de mariposas. La diversidad de colores que las mariposas enseñan en las alas sirve, sobre todo, para que machos y hembras se encuentren, sin confundirse con individuos de otras especies.

Las mariposas adultas viven apenas unas pocas semanas, o a lo sumo unos pocos meses. No es difícil reconocer los individuos viejos, pues tienen las alas descoloridas, y a menudo algo rasgadas. Esto último ocurre a consecuencia de ataques casi fatales por parte de aves, lagartos y otros animales carnívoros.

Las **avispas** más evidentes de los bosques boricuas viven en grupos de hasta más de un centenar de individuos. Aunque estos insectos no van a la escuela, ni leen el periódico, merecen el crédito de haber inventado —hace tanto como 135 millones de años— el papel. Con este material ellas fabrican panales de geometría cuidadosa, donde depositan los huevos y crían generación tras generación de larvas. Su papel no es de primera calidad: es de color marrón y

also improved their capacity to attack one or another kind of plant. The result of this unending contest is that the caterpillars of most butterfly species are only fit to feed upon the leaves of a single kind of plant, or of a few. There are thus *many kinds of caterpillars* that feed upon many kinds of plants. This is why in any forest we see butterflies of dozens of different colors. The different colors on butterfly wings are meant, mainly, to allow recognition between males and females of each species.

Adult butterflies live but a handful of weeks or, at the most, a few months. Old individuals are easy to recognize, since their wings are often ragged and their colors bleached. The raggedness is a result of many almost-fatal encounters with predatory birds and lizards.

The most common **wasps** in Puerto Rican forests live in groups of up to a hundred or more individuals. Although these insects never go to school nor read newspapers, they deserve credit for having invented paper no less than 135 million years ago. With this material they build nests of accurate geometry, where they lay their eggs and raise generation after generation of larvae. The paper produced by these wasps is not top-quality: it is brownish and smirched with dark particles. This occurs because it is produced not at a factory, but by chewing old, softened wood and mixing it with a very special saliva.

Avispero. *Paper wasps.*

está repleto de partículas más oscuras. Esto se debe a que no lo obtienen de una fábrica, sino masticando madera vieja, mezclándola con su muy especial saliva.

Pero hay en Puerto Rico, además, varios centenares de otras avispas. Algunas, de vida solitaria, hacen nidos de barro que parecen imitación, miniaturizada, de la obra de un alfarero. Dentro colocan su huevo, y después traen al nido el cadáver de alguna presa, que será el alimento de la larva. Otras avispas no tienen preocupación por la arquitectura; exploran el terreno hasta encontrar una araña peluda en su cueva y luego de un combate aparatoso la paralizan de un aguijonazo. Del huevo que allí mismo colocan nace luego una larva, que hará de la araña su diario desayuno, almuerzo y comida.

Hay avispas —llamadas *parásitas*— que ponen sus huevos dentro del cuerpo de las larvas de otras avispas mayores; al nacer, sus propias larvas se alimentan de estas últimas. Por último, para hacer las cosas deliciosamente complicadas, hay aún otras avispas, de menor talla, que luego ponen sus huevos al lado de los huevos de las avispas parásitas. Estos huevos, que serían como "de alta tecnología" se desarrollan rapidísimo, y las larvas que de ellos nacen devoran tanto la larva de la avispa parásita como la de la primera avispa de mayor tamaño. Debido a que estas avispillas son parásitas de parásitas, los zoólogos las llaman *hiperparásitas*. ¿Aparecerá en el futuro alguna avispita hiperhiperparásita?

Several hundred other kinds of wasps also live in Puerto Rico. Some lead solitary lives and build clay nests that look like miniature plant pots; downscaled replicas of the work of a ceramist. Inside, the wasp places an egg, and later brings in the corpse of

Ninfas de insectos hemípteros. El mayor de ellos se convertirá en adulto tras la próxima muda.

Nymphs of leaf-footed bugs. The largest one will turn adult after its next molt.

some insect: the food supply for the newborn larva. Other wasps have little concern for architecture; they explore the environs until they find a bird-eating spider in its den and, after a showy squabble, paralyze it with poison. An egg is then laid near the spider's corpse, which again will become the daily breakfast, supper and dinner for the growing larva.

Some wasps—called *parasitic wasps*—lay their egg inside the body of the larva of other larger wasps; the newly hatched larva then eats the first.

Todo el mundo sabe que es bueno evitar el contacto con las avispas, pues el aguijonazo es doloroso. Debido a ésto, muchas personas creen que el bosque se beneficiaría sin ellas. Lo cierto, sin embargo, es que las avispas son muy necesarias. Cuando un insecto se multiplica en exceso y amenaza con convertirse en plaga, las avispas, al consumirlos en grandes cantidades, ayudan a evitar la catástrofe. De hecho, muchas avispas han sido utilizadas con éxito para controlar plagas que amenazaban con destruir campos enteros de vegetales y frutas.

Los **hemípteros** más conocidos son las chinches que viven en la ropa y colchones sucios, capaces de chupar la sangre de los humanos. Junto con los pulgones o áfidos, sin embargo, comprenden un total de 82.000 especies, de forma, color y costumbres muy diferentes.

En Puerto Rico se han reconocido, hasta hoy, nada menos que 916 tipos de hemípteros diferentes, buena parte de ellos exclusivos de la isla. Algunos se alimentan de plantas, mientras que otros tienen por profesión la cacería de insectos. Entre estos últimos algunos son por entero acuáticos.

La característica que mejor distingue los hemípteros es la proyección de algunas partes bucales en forma de trompa. Con ellas perforan hojas y tallos para beber el jugo de las plantas. Al igual que hacen las arañas, los hemípteros carnívoros inyectan en el

To make matters deliciously more complicated, there are still other wasps, of an even smaller size, that lay their own egg beside the egg of parasitic wasps. This last-laid egg is "high-tech" and develops very rapidly. The larva hatching from it then devours both the larva of the parasitic wasp and that of the larger wasp hatched from the first egg. Since these minute wasps are parasites of parasites, zoologists call them *hyperparasitoids*. Will a hyperhyperparasitoid show up in the future?

Everybody knows it is better to avoid contact with wasps, since their sting is painful. Considering this bad side of wasps, some people reason that the forest would benefit without them. The truth, though, is that wasps are very necessary. When an insect multiplies in excess and threatens to become a pest, the wasps, by consuming a great deal of them, help to avoid catastrophe. Wasps have, in fact, been used to control many insect plagues that threatened to destroy whole fields of vegetables and fruits.

The better known **bugs** are those living on dirty clothes and couches, which have the nasty habit of sucking human blood. The group, though, comprises a total of 82,000 species, with many different forms, colors and lifestyles.

A total of 916 kinds of bugs have been reported for Puerto Rico up to this day, a good many of them exclusive to the island. Some bugs feed on plants, others are professionals in the art of

cuerpo de sus presas jugos gástricos potentes, para luego por la misma trompa succionar del cadáver las sustancias nutritivas. La mayoría de los hemípteros —sin excluir las especies acuáticas— son capaces de volar.

Para compensar la extrema lentitud, los hemípteros han recurrido a defensas químicas muy variadas y convincentes. Muchos producen sustancias

catching insects. Among these latter ones, there are a few entirely aquatic.

The most outstanding characteristic of bugs is the beak-like projection of some mouth parts. With this instrument they perforate leaves and stems to suck plant juices. As with spiders, predatory bugs inject digestive substances into the body of their prey, and later suck all the nutritious contents-

Esta cucaracha carece por completo de alas y es exclusiva de Puerto Rico. Para defenderse, lanza una sustancia para nosotros inofensiva, de un agradable olor a almendras.

This cockroach is completely wingless, and exclusive of Puerto Rico. In order to defend itself, it shoots a mist of a substance with a pleasing almond-like fragrance.

de mal olor, destinadas a repeler los depredadores. Las secreciones de otros hemípteros crean entre las hormigas un estado de pánico intenso, con lo cual los ataques de estos insectos son desorganizados. Otros hemípteros, los llamados pulgones, tienen con las hormigas

from the corpse. Most bugs—including aquatic ones—are fit for flying.

To compensate for their inability to speed up their movements, bugs have developed varied and very convincing chemical defenses. Many, for example, produce foul-smelling substances that

una relación de beneficio mutuo; éstos brindan a las hormigas un líquido azucarado que extraen de las plantas, mientras que las hormigas, por su parte, repelen el ataque de insectos depredadores. Tal y como es común en la mayoría de los animales, los hemípteros que poseen las armas químicas más formidables anuncian su arsenal con tintes vivos. Color, forma y comportamiento enmascaran a las especies inofensivas, o de armamento químico reducido.

Sobre la hojarasca de los bosques puertorriqueños caminan hemípteros con el cuerpo en forma de hoja ya seca. Aunque su lentitud no lo indica, son buenos cazadores. Ellos compensan la falta de velocidad con paciencia y buena ubicación: acechan a sus presas allí donde éstas acuden con regularidad, como por ejemplo entre las flores. Algunos hemípteros van más allá, y producen sustancias aromáticas que sirven para atraer a las víctimas.

En la isla boricua otros muchos insectos viven sus pequeñas existencias. Cada uno de ellos tiene preferencia por cierta temperatura, por una humedad del aire, por sitios de sol o de sombra. Algunos sólo habitan lo alto de los árboles mayores, mientras que otros pasan sus vidas en cuevas que alcanzan la profundidad de las montañas.

Hay moscas negras y pardas, y hasta de un bellísimo verde metálico. La mayoría no tiene costumbres higiénicas, ni admirables, pero forman parte

keep predators at a distance. The secretions of other bugs create a state of intense panic among ants and, as a result, the attacks from these insects are disrupted. Still other bugs, like the ones called *aphids*, have a mutual-benefit relationship with the ants; the bugs offer the ants a sugary liquid obtained from the plants—known as *honeydew*— and in exchange enjoy a security service that keeps aphid predators at bay. Following the rule among all animals, bugs possessing the most formidable chemical defenses advertise their weaponry with bright hues. More modestly armed bugs, on the contrary, mask their bodies to match the surroundings, and behave very quietly.

Amongst the debris lying on the floor of Puerto Rican forests live small *assassin bugs* which resemble a tiny dry leaf. In spite of being lazy beyond belief, they are excellent hunters. Patience and good positioning compensate for their lack of speed: they ambush insects at the places they visit regularly, such as flowers. Some bugs have gone a step further and produce aromatic substances that attract their victims.

Many other insects live their more modest lives in Puerto Rican soil. Each one of them has a preference for a certain temperature, for a certain humidity in the air, for sunny or shady places. Some only live high up in the forests' canopy, while others never leave the dark depths of mountain caves.

de la intrincada madeja de la vida. Sus larvas, tan repugnantes a la vista, pululan en los cadáveres de animales mayores, transformando la muerte en vida nueva. Las moscas adultas servirán más tarde para satisfacer el apetito de lagartos, aves e insectos cazadores. A las moscas llamadas ladronas es frecuente verlas con un insecto atrapado entre las patas; cazan al vuelo presas que a veces las superan en tamaño. En las moscas, el rudimento del par de alas faltante, un tocón apenas visible, se ha convertido en instrumento de vuelo. Gracias a él logran piruetas y giros impecables, dan marcha atrás y también vuelan completamente de cabeza. Son la envidia de cualquier piloto de helicóptero.

Medio centenar de especies de hormigas pueblan los bosques boricuas, y su cifra puede alcanzar los tres millares por cada metro cuadrado de suelo. Algunas son capaces de alimentarse de casi cualquier cosa, mientras que otras tienen dietas especializadas. Hay hormigas que almacenan bajo tierra cadáveres de insectos y pedazos de frutas para cultivar los hongos de los que se alimentan; otras los cultivan utilizando como sustrato las heces fecales de los murciélagos. Una de ellas —endémica— es tan diminuta que a simple vista parece negra; pero vista a través de una lupa muestra el colorido de un payaso. Tiene el cuerpo rojo-anaranjado, la cabeza azul oscuro y la mitad distal de las patas de un amarillo chillón.

La lista de insectos no termina aquí. El caculo, tan persistente en volar

Flies come in black or brown, and in a beautiful glittering green. Most of them are not good models for sanitary habits, but they are part of life's intricate network. Their larvae—which are such a repugnant sight—thrive in the corpses of larger animals, and thus transform death into new life. The adults will later satisfy the hunger of lizards, birds and predatory insects. The so-called *robber-fly* is frequently seen with an insect clutched in its legs; it often hunts down prey much larger than itself. In flies, the rudiments of the missing pair of wings have been turned into a flight instrument, the *halteres*. Thanks to them, flies perform impeccable aerial acrobatics, can travel backwards and even upside down. An observant helicopter pilot would be envious of them.

About fifty kinds of ants populate the island's landscapes, and their number can reach close to a thousand on each square foot of terrain. Some can feed upon almost any scrape of life, while others have specialized diets. There are ants that store the bodies of insects and pieces of fruits underground in order to cultivate the fungi they really feed upon, while others cultivate another fungi using a different substrate—the feces of bats. An endemic ant, so small that it appears black to the naked eye, is actually dressed up to work as a clown. Under a magnifying glass it exhibits an orange body and a deep-blue head; the outer half of its legs are bright yellow.

The list of insects does not end

alrededor de la luz de los portales, tiene nada menos que mil primos diferentes —los *coleópteros*—, entre los cuales está el insecto más voluminoso de la isla, otro que es por completo azul metálico, y otros aún —el cucubano y las luciérnagas— que generan su propia luz. Hay —por otra parte— chicharras y grillos

here. The June beetle that persistently flies around porch lights has no less than a thousand different cousins in Puerto Rico, among them the heaviest insect on the island, another entirely dark blue, and still others—like the Puerto Rican firefly and lightning bugs—that generate their own light.

La mosca ladrona, que aquí puedes ver alimentándose de un saltamontes recién capturado en el bosque de Guánica, jamás roba su comida. Ella agarra la presa entre sus patas y la lleva a todas partes.

This robber fly, feeding on a recently captured grasshopper in the forest of Guánica, never steals its food. Held between the legs, the prey is carried around everywhere the fly goes.

cuyos machos atraen a las hembras con estridencias de alto volumen, o chirridos de propiedades ventrílocuas; cucarachas que al sentirse amenazadas despiden sustancias defensivas con un agradable olor a almendras; y muchos insectos más.

And there are also cicadas and crickets, the males of which attract the females with a very loud buzz or a ventriloquous chirp; cockroaches that, when threatened, shoot out a defensive mist of a pleasing, almond-smelling substance; and very many others.

Los caracoles

En las zonas altas o húmedas de Puerto Rico podemos encontrar unos jardinillos especiales. Allí la corteza de los árboles está a veces recubierta por una alfombra de musgo verde oscuro. La de otros tiene grandes manchas circulares de color blanco o grisáceo, a veces con el borde de un anaranjado tan brillante que parece emitir luz. Se trata de *líquenes*, una asociación de algas y hongos de crecimiento muy lento. Hay sobre los troncos, además, plantas trepadoras; sus tallos culebrean a capricho hacia lo alto, lanzando a intervalos hojas delicadas de muy diferentes diseños. Aquí y allá nacen helechos y bromelias, y también orquídeas, pequeñas pero siempre encantadoras. En este ambiente como de sueños viven diversos caracoles terrestres, en su mayoría endémicos.

Las conchas fabricadas por los caracoles son resistentes al sol, la lluvia, el frío y el calor, incluso después de muerto el animal; por eso son abundantes entre los fósiles. Gracias a ello sabemos que estos animales —que pertenecen al grupo de los moluscos— son viejos

El caracol de oreja verde es exclusivo no sólo de Puerto Rico, sino también de las mayores elevaciones de la isla, El Yunque. Durante su evolución ha perdido la mayor parte de su caracol, del que sólo queda una pequeña porción, apenas visible bajo la piel como un área central de color verde claro.

The green ear snail lives only in Puerto Rico, in the highest mountains of El Yunque. During its evolution, it has lost most of its shell, of which only a small ear-shaped piece remains, barely visible through its skin.

Snails

Land snails are the fairies of miniature gardens, to be found mostly at the higher or more humid parts of Puerto Rico. There the bark of trees is frequently covered with a crust of dark green moss. Other trees have white or gray circular patches, some with a rim of such a bright fluorescent orange that it seems to emit light. These are *lichens*, an association of algae and fungi of very retarded growth. On the tree trunk environment there are also different kinds of vines, their stems snaking up by capricious routes, branching and shooting out delicate leaves at regular intervals. Here and there ferns and bromeliads grow, and also orchids that are generally small but all of them charming. In this enchanted environment live many different land snails, most of them endemic.

The shells made by snails are resistant to sunshine, rain, cold and heat, even after the animal passes away; for this reason they are abundant among fossils. Thanks to this we know that these animals—which belong to the mollusks—are very old upon the planet; they originated in the sea some 550 million years ago, much earlier than the first insects, the first millipedes or the first fishes.

So much time allows for adjustments, readjustments, and still finer adjustments, and the mollusks have not missed the opportunity. They have learned to live 4 miles beneath the ocean waves, in rivers and lakes, and

sobre nuestro planeta; se originaron en el mar hace 550 millones de años, mucho antes de que aparecieran los primeros insectos, milpiés o peces.

Tanto tiempo permite ajustes, reajustes, y nuevos reajustes, y los moluscos no lo han desaprovechado. Después de haber conquistado la orilla del mar, lograron también adaptarse a vivir a 7 kilómetros de profundidad, en ríos y lagos, y también en tierra firme. Pulpos y calamares prescinden por completo de la concha; mientras los quitones, que viven en las orillas de piedra, la tienen de ocho piezas. En el mar, y después en aguas dulces, los moluscos respiraban por medio de agallas. Doscientos cincuenta millones de años después algunos de ellos desarrollaron pulmones, y su éxito fue grande, pues les permitió el lujo de respirar aire y de vivir fuera del agua. Hoy habitan los bosques del mundo unos 20.000 moluscos pulmonados diferentes.

La mayoría de los caracoles terrestres boricuas (hay más de un centenar de ellos) son pulmonados. Los hay muy pequeños, que viven entre la hojarasca. Los más grandes, cuyas conchas alcanzan un diámetro de hasta 7 centímetros, pasan la mayor parte del tiempo sobre el tronco de los árboles, durmiendo o deslizándose por estos jardines. Su figura puede ser casi esférica, aplastada como un disco, o cónica. Los hay de concha gruesa y resistente; en otros es tan fina que a través de ella se pueden distinguir los órganos internos del animal.

Para alimentarse, algunos moluscos

also on land. Octopi and squid have done away with the shell altogether; while chitons have theirs made of eight pieces. At sea, and later in freshwater, mollusks breathed through gills. Two hundred million years later some of

Es común encontrar al caracolito de puertas adherido al tronco de los árboles.

The tridens door snail is frequently found glued to tree trunks.

them developed lungs, which turned into a big success and allowed them to breathe air and to live out of the water. Today the world's forests are inhabited with 20,000 of them.

Most land snails to be found in Puerto Rico (more than a hundred of them) are of this kind, named *pul-*

Caracol común de Puerto Rico. *True caracollus snail.*

pulmonados raspan el musgo que crece sobre las rocas y sobre la corteza de los árboles; otros consumen hojas u hongos. Tienen para ello una suerte de lengua, recubierta de millares de dientecillos. Al igual que ocurre entre insectos, entre peces o entre aves, no faltan especies dedicadas a perseguir a los suyos. El cazador boricua tiene dientecillos muy puntiagudos, y su alargada concha, de superficie suave y brillosa, le ha merecido el nombre de *caracol aceitoso*.

En casi todo el mundo viven moluscos que a lo largo del tiempo perdieron la concha. Los hay también en cada jardín y bosque de Puerto Rico: por la noche se alimentan de retoños tiernos, y por el día se esconden en el suelo. Se les llama lapas, y su principal defensa consiste en segregar cantidades sorprendentes de una muy viscosa baba.

En las elevaciones de El Yunque vive un molusco singular, que aparenta estar en pleno proceso de convertirse en lapa. Es conocido como *caracol de oreja verde*, y de su concha original la evolución sólo ha dejado una pequeña chapa redondeada, que lleva incrustada en el musculoso cuerpo. De hábitos nocturnos, el caracol de oreja verde duerme por el día adherido a las hojas y, para no llamar la atención de aves y lagartos carnívoros, es de color verde claro. Nadie sabe por qué razón este molusco ha reducido su concha. En esas montañas escasea el mineral necesario para fabricar conchas, pero otros muchos caracoles de allí siguen construyendo con éxito su muy torcida residencia.

monates. Some are very small and live amongst the forest litter. The largest, which have shells approaching 3 inches in diameter, spend most of the time on the tree trunks, sleeping, or gliding across the garden while getting their stomaches full. The shape of their shells can be almost spherical, depressed, or conical. Most have hardy shells, while that of others is so thin that the internal organs of the animals can be guessed through it.

El caracol aplastado es exclusivo de las montañas de El Yunque.

The acute-angled polidonte is only found in the high elevations of El Yunque.

Some pulmonate snails scrape the moss that grows on rocks or on bark to feed; others consume leaves or fungi. In order to do this, they have a kind of tongue covered with thousands of microscopic teeth. As occurs among insects, fishes or birds, there is

El sapito de labio blanco es muy común en las zonas montañosas de Puerto Rico.

The white-lipped frog is very common in the mountainous regions of Puerto Rico.

Las ranas

Las Antillas están preñadas de ranas diminutas. Cada una de las islas menores tiene una o dos especies propias; las mayores albergan decenas de ranitas diferentes. Estos animalillos están como hechos a la medida para el disfrute nuestro. Si durante el día los lagartijos adornan cada arbusto, cada poste de cerca y cada pared, en la noche —precisamente cuando los ojos descansan y se calman los ruidos del día— las ranitas hacen un coro que deleita al oído. El solista más sonoro de la anfibia orquesta es el coquí, endémico de la isla y abundantísimo en la mayoría de los ambientes, desde la orilla del mar hasta el Cerro Puntas.

El grupo de cantantes es nutrido; el coquí tiene 165 hermanos cercanos en las Antillas, y otros muchos dispersos

no lack of carnivorous species chasing down their own cousins. The Puerto Rican hunter has very pointed teeth, and its elongated dwelling is of such a polished and shiny finish that it has deserved the name of *beach oily snail*.

Mollusks live all around the world that lost their shells a very long time back. They are the familiar slugs, which are also to be found in every garden and forest of Puerto Rico. These animals feed at night on tender shoots and leaves, and during the day hide underground. Their main defense is to secrete surprising amounts of thick slime.

High up in the mountains of El Yunque lives a very peculiar mollusk that seems to be halfway in the process of becoming a slug. Its name is *Puerto Rican green ear snail,* and evolution has left but a small rounded chip of its original shell, half lodged into the muscular body. This snail is nocturnal, and its green color serves well as camouflage when sleeping on leaves in daytime. No one knows why this mollusk has so reduced its shell. At El Yunque mountains, the minerals for building shells are not in oversupply, but many other snails living there keep producing their coiled residences.

Frogs

The Antilles are pregnant with tiny frogs. Each of the smaller islands has one or two species of their own; the

A dos metros del suelo, este coquí macho canta aquí a toda capacidad.

Some six feet above the ground, this male coquí sings at full capacity.

por tierras continentales, desde México hasta Argentina. Suman unas 520 especies: el mayor grupo de hermanos vertebrados de todo el planeta. Unos 16 de ellos viven aquí, todos exclusivos. Habitan la isla, además, otras ranitas de parentesco no tan cercano, y dos sapos. Uno de estos últimos —el llamado sapo concho— es rarísimo, y sólo habita la zona de Guánica.

Hay en las Antillas 4 ó 5 otras ranitas con voces parecidas a las del coquí, pero las demas distan mucho de ser mudas. Entre las especies locales hay reclamos de hasta siete u ocho "sílabas", aunque lo común es entre una y cuatro. Una de estas voces recuerda el golpe de claves musicales; otra parece de producción electrónica; una tercera semeja la voz de una reinita. Nada tienen en común con el áspero y grave "croac" que dio origen, en la lejana España, al verbo croar. En Puerto Rico hay que decir, en todo caso, que las ranas *coquiean*.

La dieta del coquí y sus parientes es a base de insectos. Cada especie caza por igual un tipo de insecto que otro, con tal de que no sea alguna chinche o escarabajo de intragable sabor. La explicación a tantas especies es que cada una caza en sitios diferentes. Unas acechan a sus presas a la orilla de los arroyos, otras entre la hojarasca del suelo, mientras que unas terceras buscan su sustento en lo alto de los árboles. Otras especies no viven en los bosques, sino en los pastizales.

El coquí es excepcional, pues tan pronto se le puede encontrar en el suelo

larger ones harbor dozens of them. These little animals are custom-made for our enjoyment. If during the day the small lizards adorn every bush, fence post, wall and tree; then at night—precisely when the eyes are resting and daytime noises calm down—the froglets generate a chorus delightful to our ears. The most sonorous soloist of this peculiar amphibian orchestra is the *coquí*. It is quite abundant throughout the island from near seashore to Cerro Puntas, and endemic.

Overall, the singers are quite diverse; the *coquí* has 165 brothers and sisters in the Antilles, and many others dispersed on nearby continental areas from Mexico to Argentina. The entire fraternity adds up to 520 species: the largest group of kin-vertebrates in the whole world. Sixteen species live in Puerto Rico, all of them endemic. The island also has other, more distantly related, small frogs, and two toads. One of the latter, the Puerto Rican toad is extremely rare, and restricted to the environs of Guánica.

Four or five other Antillean froglets produce a "co-quí"-like call. But the rest of the crowd is far from being mute. Among the local species there are calls with seven to eight syllables, although the rule is between one and four. The voice of one is reminiscent of the sound of two hardwood sticks struck against each other; a second voice seems to come from an electronic source; a third frog warbles. None of these sounds has anything in common

como sobre los árboles. Cada atardecer algunos coquíes trepan a los árboles, incluso al mismo tope, para allá en lo alto buscar su alimento. Poco antes del amanecer se lanzan al espacio, y en dos o tres segundos regresan a tierra. Semejante salto sería para nosotros mortal, pero ellos son expertos en aterrizajes violentos. Durante toda la caída mantienen buena posición, panza abajo y con las patas abiertas. Esto frena el descenso y hace que caigan sobre el colchón de hojarasca sin un solo rasguño.

Ni las ranas ni los sapos tienen pinta de cazadores. Aunque tienen una boca grande, la quietud y falta de dientes apoyan su apariencia inofensiva: parecen, más que otra cosa, juguetes con capacidad para respirar. Pero en este caso vale el dicho: las apariencias engañan. El secreto de su éxito en el arte de cazar está, precisamente, en la inmovilidad: a fuerza de no moverse por largo rato, hasta un león llega a convertirse en inocente parte del paisaje.

Mientras está al acecho, cada ranita permanece como petrificada. Todo el tiempo, sin embargo, se mantiene alerta, y detecta con la vista cualquier insecto, ya sea volante o caminante. Como promedio, una rana caza apenas tres o cuatro presas en la noche, y sólo entonces muestra una chispa de vida, si bien una chispa muy brillante.

Cuando un insecto se acerca lo suficiente, la rana actúa con la rapidez de un rayo. La ingestión de la presa ocurre tras una explosión de actividad muscu-

with the coarse "croak" that gives rise to the verb.

The diet of the *coquí* and all its relatives is based on insects. Each species will catch just about any kind, except some unpalatable beetles and bugs. The reason for so many species is that each kind of froglet hunts in a different part of the forest. Some ambush their prey at the sides of the streams and rivers, another one among the debris on the forest floor, while a third species climbs to the canopy. Other froglets live not in the forest at all, but on grasslands.

The *coquí* is exceptional: it hunts both on the ground and on the trees. After sundown and in search of a bellyful, some *coquís* climb high, not rarely to the very top of the tallest trees. A little before sunrise, they jump into open space and, in a matter of a few seconds return to the ground. For us the feat would be fatal, but they are experts in crash-landing. During the whole fall they keep a good position: belly down and legs spread. This slows their descent a bit, and lands them on the cushion of fallen leaves without a scratch.

Neither frogs nor toads have the sleek and powerful look of a hunter. Even though their mouth is large, stillness and lack of teeth give the impression of innocence: more than anything else they look like breathing toys. Appearances—so goes the saying—may deceive. Their secret for success as hunters lies precisely in passivity: by staying still for a long while, even a

El churi, o coquí de ojos rojos, es parte de una gran familia evolutiva que incluye nada menos que 520 otras especies de ranitas dispersas por los trópicos americanos. En Las Antillas cada isla tiene su propia tripulación de coquíes, diferentes de aquellos que viven en las islas vecinas.

The red-eyed coquí *is part of a huge evolutionary family that includes no less than 520 other species of tiny frogs scattered throughout the American tropics. In the Antilles, each island is home to its own crowd of frogs, always different from the ones on neighbouring islands.*

lar. Primero entran en funcionamiento los músculos de las cuatro patas, que impulsan al cazador un poco hacia adelante. Al mismo tiempo se abre la gran boca, y de ella sale disparada la pegajosa lengua, que alcanza al insecto y lo golpea ligeramente. Este se adhiere de inmediato a la lengua que, al ser recogi-

lion can turn into an innocent part of the landscape.

While in wait of prey, each froglet remains stone-still. All this time, though, it is alert, scanning the environs for insects, be it walkers or flyers. The average froglet catches only three or four prey items every night, and

da, lo sustrae del paisaje en una fracción de segundo: el insecto que volaba o correteaba cerca . . . se esfumó. De tan rápida, la acción parece más bien el

only at these few moments does it show a spark of life—a really brilliant one then.

When an insect comes in close

Las Antillas Mayores nunca han producido cada una su propia especie de tortuga terrestrre; todas tienen en común una misma especie —la jicotea—- que es una excelente nadadora.

The Greater Antillean islands have never produced their own species of land turtle. Only one such species—the Antillean slider, an excellent swimmer—is common to all of them.

truco de un mago. Las presas más comunes de las ranitas son grillos y cucarachas, pero incluyen además moluscos, ciempiés, gongolíes, escarabajos, arañas, hormigas, abejas, mariposas, y hasta lagartijos muy pequeños.

Las ranas que conocemos de los libros extranjeros ponen los huevos en el agua, donde luego se convierten en

enough, the frog acts at the speed of lightning. Prey ingestion occurs as a result of quite explosive muscular activity. The first to come into action are the leg muscles, which push the hunter towards the prey. At the same time, the mouth opens wide and the sticky tongue is immediately flipped out. As soon as it hits the insect it is flipped back into the mouth with the

renacuajos; allí con el tiempo se transforman en ranitas. Pero nada de eso vale para el coquí. Él y la mayoría de sus hermanos ponen los huevos sobre la tierra húmeda, escondidos bajo alguna piedra o entre la hojarasca. Lo curioso es que el renacuajo se desarrolla *dentro* del mismo huevo. Esto se puede observar a través de un microscopio, pues los huevos son de cubierta transparente. Allí le crece el cuerpo y la cola, y más tarde, en lo que la cola se le reduce y desaparece, le brotan y crecen las cuatro patas. Pasados 10 a 15 días emerge del huevo una ranita que es imitación exacta de sus padres, pero tan pequeña que cabría dentro de esta O.

La jicotea

En las Antillas Mayores vive una sola especie de tortuga: la jicotea. No sabemos si sus bisabuelos arribaron desde Norte, Centro o Suramérica, pues todas estas tierras albergan especies hermanas de las antillanas. En Las Antillas viven además cuatro especies de tortugas muy grandes, pero todas son por entero marinas, y sólo salen a tierra tres o cuatro veces al año para enterrar su centenar de huevos en la arena de alguna playa.

En Puerto Rico la jicotea alcanza unos 30 centímetros de longitud. Sus patas, con membranas entre los dedos, delatan costumbres acuáticas. El pico, fuerte y afilado, no deja duda de su apetito por la carne.

prize. In a fraction of a second, the creature that flew or ran by suddenly disappeares from the landscape. Everything happens so quickly that it seems a gimmick; just like a magician's trick. The froglets' most common prey are crickets and cockroaches, but they also feed upon snails, centipedes, millipedes, beetles, spiders, ants, bees, butterflies, and even small lizards.

The frogs we know from most books lay their eggs in the water, where they hatch into tadpoles, which later turn into miniature frogs. Well, none of this is true for the *coquí*. This little frog, and most of its evolutionary kin too, lays its eggs on land, in humid places such as under rocks or forest litter. The interesting thing is that the tadpole develops *inside* the egg. This can be observed through a microscope, since the eggs have a soft, transparent covering. The embryo develops its body and tail there and sometime later, while the tail is reducing until it disappears, the four legs take form. After ten to fifteen days, a whole little froglet is born that is an exact imitation of its parents, but small enough to fit inside this O.

Antillean Slider

The Greater Antillean islands are home to but a single species of turtle, the Antillean slider. It is not known if its grand-grandparents arrived from North, Central or South America: all

El lagartijo verde es muy común, pero sólo en lo alto de las montañas, donde la temperatura es fresca.

The emerald anole is very common, though only at high altitudes where temperature is cooler.

La jicotea obtiene el alimento dentro del agua, aunque dedica buena parte del tiempo a tomar largos baños de sol, como si fuera un turista. Para ello se sube a rocas o troncos situados en la misma orilla: así puede regresar al agua a la menor señal de peligro. Esto lo hace sobre todo temprano en la mañana y horas antes de la puesta del sol, para calentar el cuerpo. Cuando alcanza una temperatura lo suficiente alta, se lanza al agua en busca de renacuajos, camarones y caracoles acuáticos, sin pasar por alto alguna culebra joven, o un lagarto caído de los árboles.

these lands harbor species in close relationship to the Antillean ones. An additional four other huge turtles live in the Antilles, but they spend their whole lives at sea and only come to the shore three or four times each year to dig a hole in a sandy beach and lay a batch of a hundred or so eggs.

In Puerto Rico the Antillean slider reaches a length of about a foot. Its webbed toes point to aquatic habits and its beak, strong and sharp-edged, no doubt indicates an appetite for meat.

The slider feeds in the water, but devotes a great deal of time to basking in the sun, like a tourist. Sunbaths are taken on exposed rocks or on tree trunks lying near the water's edge: that way it can return to the liquid at the slightest sign of danger. Sunning is mostly a morning and late afternoon affair, in order to warm up its body. As soon as its temperature is high enough, it slides into the water in search of tadpoles, shrimps and water snails, never missing the opportunity to make a meal out of a small snake, or a lizard fallen from a tree.

There is still another reason why the Antillean slider moves out of the water, exclusive to the female. Just as occurs with marine turtles, the female lays her eggs on land. The she-turtle climbs onto the muddy banks and digs a deep hole with her hind legs. Given the coarse appearance of the turtle, this is done with surprising care and the resulting nest hole is very neat. Astonishment should actually be dou-

Hay otra razón por la cual la jicotea sale del agua, que es exclusiva de la hembra. Al igual que las tortugas marinas, ella pone los huevos en la orilla. Sube a los bancos de arena fangosa y cava con las patas posteriores un agujero profundo. Dada la tosca figura del animal, el cuidado con que realiza esta labor es sorprendente, y el resultado es un nido perfectamente circular. El asombro es doble, pues la tortuga no alcanza a ver la tarea que ella misma desarrolla debajo de su cola. Una vez terminada la puesta, tapa el nido y lo abandona: las recién nacidas se valen solas para alimentarse y crecer.

El macho del lagartijo común (arriba) es bastante mayor que la hembra. En cópula.

A mating pair of common anoles. The male (above) is much larger than the female.

Los lagartos

En cada rincón de Puerto Rico se pueden encontrar lagartos. Los hay marrón oscuro, de color crema, y tan verdes como la hoja recién abierta de un plátano; de color entero, manchados, y rayados como una cebra. Algunos están entre los lagartos más pequeños del mundo. La iguana de la isla Mona, sin embargo, alcanza más de un metro de longitud y llega a pesar varios kilogramos. Hay lagartos estrictamente terrestres, y otros tan arbóreos que sólo descienden al suelo en situaciones de emergencia y por apenas unos minutos. Los hay diurnos y nocturnos; carnívoros y vegetarianos; amantes de los lugares sombreados, y de sol. En Puerto Rico y las islitas más cercanas viven 25 lagartos diferentes, en su ma-

ble since she can never see what is going on beneath her behind. Once the eggs are laid, she covers the nest and abandons the area: the newborn will later feed and grow on their own.

Lizards

Lizards are to be found in every corner of Puerto Rico. Some are dark brown, some creamy colored, others as green as a newly uncurled banana leaf; there are lizards single colored, freckled, and also striped like a zebra. Among them are some of the smallest lizards in the

Un macho adulto del lagartijo jardinero de montaña, uno de los muchos lagartos exclusivos de Puerto Rico (siguientes páginas).

A male of the olive grass anole, one of many lizards endemic to Puerto Rico (next pages).

yoría endémicos.

Los lagartijos que vemos a cualquier hora del día sobre la vegetación son todos hermanos. Viven cuatro y hasta cinco años, y tienen una cola larga y delgada, un pedazo de piel colorida que llevan escondida en la garganta y sólo enseñan en ocasiones espe-

world. The rock iguana living on Mona Island, on the other hand, reaches a length of over three feet and weighs up to half a dozen pounds. Many are strictly terrestrial, while others dwell in trees and only come to the ground during emergencies, and then just for a few minutes. There are diurnal and

La salamanquita común habita casi toda la isla, y presenta una gran variación en el colorido. Este macho adulto tiene sólo unos tres centímetros de longitud.

The common Puerto Rican sphaero shows great color variation throughout the island. This adult male is just over an inch long.

ciales, y sangre de acróbatas: son muy ágiles al saltar con precisión de una rama a otra lejana. En su mayoría son biznietos de lagartos que se establecieron aquí hace muchos millones de años, cuando la isla era joven; y hermanos de otros lagartos que por

nocturnal species; predators and vegetarians; those that prefer shade and those that would rather live in sunlit, open spaces. A total of twenty-five kinds of these reptiles live in Puerto Rico and its nearby islands, most of them endemic.

Cada una de las Antillas Mayores tiene su propia especie de lagarto gigante, todos ellos muy verdes, arbóreos y capaces de devorar saltamontes, cucarachas, otros lagartijos de menor tamaño, ranas, y hasta zumbadores. Resulta curioso que los recién nacidos (foto de abajo) de la especie boricua tienen una coloración por completo diferente de los adultos (arriba), perfecta para enmascararlos en las ramas con hojas secas.

Each Greater Antillean island has its own species of giant anole, all of them very green, arboreal and capable of devouring grasshoppers, cockroaches, smaller lizards, frogs, and even hummingbirds. The newborn Puerto Rican giant anole (lower photograph) is quite singular in that its color pattern is completely different from that of the adult (above).

aquella misma época invadieron las otras islas caribeñas.

Como los coquíes, los lagartijos son cazadores de insectos, y no tienen predilección alguna entre mosquitos, mariposas, abejas, moscas o comejenes. Su táctica de caza también está basada en la inmovilidad y, aunque atentos a todo, con frecuencia permanecen largo rato sin siquiera parpadear.

Los lagartijos distinguen bien a distancia qué tipo de insecto acaban de descubrir. Si se trata, por ejemplo, de uno que no reacciona a lo que sucede a su alrededor, como una mariposa nocturna, al momento lo alcanza de un

The lizards found at any time of the day sitting on the vegetation—*anoles*, they are called—are all closely related evolutionary brothers and sisters. They live up to four to five years of age, and have a longish thin tail, a patch of colored skin that, hidden in the throat, is shown in special occasions, and the blood of acrobats: real experts at precision jumping from one branch to another. Most are grandchildren of lizards that became established here when the island was still young to adolescent and kin to the lizards that invaded the other Caribbean islands in a rather remote past.

La siguana o iguana rayada es quizás el lagarto más hermoso de Puerto Rico, y también el más difícil de encontrar.

The Puerto Rican striped ameiva is perhaps the most beautifully colored lizard on the island, and also the one most difficult to find.

salto o de una rápida y descuidada carrera. Cuando descubren alguna mosca, sin embargo, se mueven hacia ella muy despacio, hasta llegar a la distancia de

Like the froglets, the anoles are insect hunters, and have no preference for mosquitoes, butterflies, bees, flies or termites. Their hunting tactic is also

ataque. Luego se lanzan hacia adelante, y al instante ya tienen la presa en la boca; el ataque falla rara vez. En ocasiones los insectos son capturados en pleno vuelo.

A menudo las presas de los lagartijos pueden ser pequeñas, de la talla de una hormiga; a veces pueden pararse al lado de una fila de éstas y a cada rato sacar de circulación, de una sola bocanada, a dos o tres. En ocasiones, sin embargo, persiguen también presas de mayor tamaño. El lagartijo marrón que comúnmente encontramos en los jardines de toda la isla, puede, por ejemplo, atacar a las culebras recién nacidas. En esos casos el combate es con mordidas, polvareda, cuerpos torcidos rodando por el suelo y el ruido de la hojarasca agitada. La lucha es tan aparatosa como la de las escenas que estamos acostumbrados a ver, en televisión, entre leones y gacelas.

Cada uno de los lagartijos tiene el pliegue de piel de la garganta —la *gaita*— de diferente color: amarillo, anaranjado, verde o rojo. Al igual que las alas de las mariposas, la gaita identifica a las diferentes especies de lagartijos. A diferencia de las mariposas, los lagartos por lo común esconden su pequeña mancha de color. La muestran, principalmente, cuando quieren amenazar a otro lagartijo de su misma especie a fin de que se retire del área, y sólo un instante. Es bueno preguntarse por qué si las mariposas se pintan por entero, los lagartijos esconden su colorida bandera.

La explicación está en sus diferen-

based upon motionlessness and, though quite alert, they often remain long periods without even blinking.

Anole lizards are good at calculating the distance to a recently discovered insect. If it is one that—like a moth—barely reacts to nearby movement, the anole will immediately reach the critter with a jump or a careless run. When a fly settles close, however, the lizard advances slowly until it gets within striking range. Then it pounces ahead and, in an instant, has the prey already in its mouth. At other times the prey is caught in mid-air. Misses are rare.

Prey can often be very small, the size of an ant. Sometimes a lizard can be seen standing beside a line of these insects, and every now and then it pulls two or three of them at a time out of circulation. But anoles are also attracted by larger quarry. The common Puerto Rican anole, so ubiquitous in every garden, is bold enough to attack a newborn racer (a snake). When this happens there is a bitter brawl, both bodies rolling and rustling on the ground, even with some dust being kicked up. The battle is as exciting as those often shown on TV between lions and gazelles.

Each anole has a hidden patch of skin under the throat—called a *throat fan* or *dewlap*—differently colored in yellow, green, red or orange. As with the hues in butterfly wings, the throat fan is an identity mark for each of these reptile species. Unlike butterflies, though, these lizards usually keep their

tes formas de vida. Cuando las mariposas se ven amenazadas, despegan al instante; y si son perseguidas vuelan con una trayectoria irregular, imposible de predecir. Si has intentado alguna vez capturar una mariposa con la mano, habrás notado lo difícil que es: lo mismo le ocurre a los pájaros que se alimentan de insectos. Además de ser difíciles de alcanzar, las mariposas son poco sustanciosas; apenas mucha ala y color. Los lagartijos, en cambio, son un bocado atractivo que, además, no puede volar. Y es por eso que, para escapar de los depredadores de mayor tamaño, les conviene confundirse con el follaje, con la corteza de los árboles, con la hojarasca. El camuflaje también les sirve para acercarse más, sin ser descubiertos, a algunos insectos de pies o vuelo ligeros.

Uno de los mayores lagartos de Puerto Rico es el lagartijo gigante. Es difícil encontrar uno en el bosque, pues no abunda, y pasa la mayor parte de su vida en las ramas más altas. Se trata de un coloso entre los lagartijos: alcanza unos 40 centímetros de longitud, si bien más de la mitad corresponde a la muy larga cola. Tiene cara de malo, pero no hace daño alguno, aunque si lo tratas de agarrar con la mano, y lo haces mal, se defenderá dándote una mordida dolorosa.

Otros dos lagartos puertorriqueños tienen el cuerpo estirado y la piel muy lisa; diríase que quieren convertirse en serpientes. En común con éstas tienen, además, la punta de la lengua dividida en dos, como una Y. Ambos son por entero terrestres, intranquilos y devo-

colors hidden. They flash it mainly— and for but an instant—when they want to scare off another lizard from their territory. It is good to ask why, if butterflies decorate themselves completely, the anoles conceal their colorful flag.

The explanation lies in their different lifestyles. When butterflies feel threatened, they rapidly take off; and if pursued, they fly on a very irregular— and unpredictable!—path. Anyone who has ever tried to catch a butterfly with a bare hand knows the difficulty well: insect-feeding birds have exactly the same trouble. Aside from being hard to catch, butterflies are petty prizes; not much more than a lot of wing and color. Lizards, on the other hand, are attractive morsels that cannot fly. Because of this, it is convenient for them to blend in with the branches, the bark of trees, the leaves. Their camouflage outfit also helps them to get closer to nimble-footed or fast-flying insects.

One of the largest lizards on the island is the Puerto Rican giant anole. Never abundant and always hard to spot in the forest, it prefers to dwell among the tallest branches. This is a real giant among the anoles: it reaches about 16 inches, although nearly half of this belongs to its lengthy tail. The Puerto Rican giant anole may look mean, but is completely harmless. If caught and mishandled, though, it will defend itself with a painful bite.

Two other Puerto Rican lizards have a streamlined body and very

La iguana de Mona está emparentada con otras especies caribeñas. A pesar de su apariencia monstruosa, este lagarto jamás ataca a las personas. Usa sus pequeños y afilados dientes para arrancar frutos y hojas, de los que se alimenta.

The Mona rock iguana is related to a few other species of Caribbean iguanas. In spite of its fearsome look, this enormous lizard never attacks humans. It uses its small, sharp teeth to cut off small fruits and leaves, on which it feeds.

radores de insectos pequeños. Se les conoce por el nombre de iguanas (o siguanas), aunque su parentesco con la enorme y reposada iguana de Mona es bien lejano. La mayor y más común de las dos habita todo Puerto Rico, aunque sólo en sitios donde hay hierba baja, bien expuestos al sol. La segunda, la *iguana rayada*, vive en las zonas más áridas de la costa sur, desde Cabo Rojo hasta Ponce. Este último es quizás el lagarto más hermoso de la isla.

La iguana rayada es huidiza y

smooth skin . . . and all the looks of wanting to turn into snakes. In common with snakes they also have a Y-shaped, forked tongue. Both are entirely terrestrial, restless and eat small insects. They are locally known as *iguanas* or *siguanas*, although they are only distantly related to the truly large and calm-natured rock iguana living on Mona Island. In English they go by the name *ameivas*. The largest of the ameivas—called the Puerto Rican brown ameiva—is found all across the

escasa. Esto hace muy difícil observarla en detalle. El patrón de rayas cebrinas confunde su cuerpo con el suelo arenoso salpicado de confeti vegetal: semillas, hojas y ramitas secas. Por eso cuando uno de estos lagartos nos pasa por delante, la mayor parte de las veces sólo alcanzamos a ver *algo* que parece

island, although only on grassy, open terrain. The other one—the Puerto Rican striped ameiva—lives only at the driest southern end of the island, from Cabo Rojo to Ponce. This is perhaps the island's most beautiful lizard.

The Puerto Rican striped ameiva is shy and uncommon. Because of this it

La culebrilla de cuatro patas no es en realidad una culebra, sino un lagarto, aunque de patas muy muy pequeñas. Habita debajo de la hojarasca de los bosques, y es muy difícil descubrir uno de ellos.

The Puerto Rican galliwasp has en extremely smooth skin, perfect for effortlessly sliding through the forest debris. Although cute and harmless, it is very hard to spot.

un gusanillo de brillante verdeazul que se mueve a gran velocidad: es su muy colorida cola. El color carnavalesco del apéndice —que también lo tienen los juveniles de la iguana común— no es error ni capricho. Los depredadores también se fascinan por él, y con frecuencia cierran la boca o el pico no

is almost impossible to observe the animal in detail. The zebra-like pattern of stripes is effective in masking this lizard against a sandy substrate sprinkled with vegetable confetti: tiny dry seeds, twigs and leaves. Thus, when one of these little lizards crosses our path, as a rule we only manage to get a

sobre el cuerpo del lagarto, sino sobre la atractiva cola. En ese instante la iguana se desprende del precioso látigo, y se lo regala al depredador. Pero salva con ello la vida, que es muchísimo más valiosa. La cola —como ocurre en la mayoría de los lagartos—, le crecerá otra vez.

En Puerto Rico vive otro lagarto muy extraño, cuyo nombre es *culebrita de cuatro patas*. En el afán por convertirse en serpiente, ésta ha ido mucho más lejos que las iguanas (siguanas): tiene las patas tan pequeñitas que lucen ridículas. Se alimenta de gongolíes, escarabajos e incluso caracolillos, y en vez de poner huevos, como hace la mayoría de los lagartos, pare hijos ya bien formados y listos para vivir por su propia cuenta. Encontrar una culebrita de cuatro patas no es fácil; los zoólogos por lo general las descubren debajo de la gruesa capa de hojas que se acumula en los bosques viejos, o bajo las piedras.

La culebrita de cuatro patas tiene la piel como de serpiente, tan lustrosa que parece haber sido recién pulimentada con cera. Por su aspecto, semeja una serpiente obesa. Las cuatro patas son tan pequeñas que parecen una adición equivocada: sus proporciones corresponderían a un lagarto de la mitad de su tamaño. Se la puede manipular, pues es de temperamento muy tranquilo, y resulta sorprendente la suavidad con que resbala de las manos. Si uno cerrara los ojos, ella escaparía sin que nos diéramos cuenta. Cuando llega al suelo, en vez de correr, pliega las patitas contra el cuerpo y se desliza como las ser-

glimpse of *something* that looks like a brilliant blue-green worm moving at supersonic speed: its colorful tail. The flaring appendage—also common to the juveniles of the other ameiva—is no mistake or caprice. Predators are also fascinated by it, and often close their jaws not upon the body of the lizard, but upon the attractive tail. At that very instant the ameiva gives away the glittering whip; a present to the predator. As occurs with most lizards, the tail is later grown again.

Another curious lizard on the island is the Puerto Rican galliwasp. In its attempt to lead the life of a snake, it has gone a stretch further than the ameivas: the legs are ridiculously small. The galliwasp eats millipedes, beetles and even snails, and instead of laying eggs like most lizards, it gives birth to live young. Finding one is no easy task; zoologists generally discover them underneath the thick mat of leaves that accumulate on the forest floor or under large rocks.

The skin of the Puerto Rican galliwasp is also snake-like and so glossy as to seem recently polished with wax. It actually looks like an obese snake. The four diminutive legs seem like a mistaken addition: they are proper only for a lizard half its size. Being so placid, the galliwasp can be manipulated, and it is surprising how swiftly it can slide out of the hand. If a person were to close his or her eyes, the lizard would escape unnoticed. Once on the ground, the galliwasp doesn't run; with legs pressed to its sides, it wiggles away

pientes. Es mejor no tocarle la cola jamás, pues a la menor presión se desprenderá de ella. Se trata de una cola muy gruesa, y reponerla robaría muchas energías.

Al caminar por el bosque podemos encontrar aún otro tipo de lagarto, muy pequeño, que desaparece rápido entre la hojarasca. Si escarbamos un poco, quizás tengamos la suerte de ver una *salamanquita* o *gecko*. En Puerto Rico se conocen ocho especies (y otras ochenta y tantas en el resto de las Antillas y Centroamérica). Entre ellas están los lagartos más pequeños del mundo; una de las salamanquitas boricuas tiene, con cola y todo, apenas 4 centímetros de largo.

En las salamanquitas cada sexo tiene, a menudo, diferente coloración. Los machos de algunas especies tienen la cabeza del color de la caoba, con un par de manchas en el dorso que parecen ojos; quizás con ellos asustan, o desorientan, a sus depredadores. Las hembras, sin embargo, son de color crema claro y llevan la espalda cubierta de rayas delgadas.

La táctica de cazar de estas miniaturas es similar a la de los lagartijos, pero el acercamiento inicial a la presa es tan cuidadoso que se toman varios minutos para cubrir unos pocos centímetros. Si uno no presta suficiente atención, tal parece que no se mueven en absoluto. Pero sí, las patitas por turno fluyen —viscosas como miel— hacia el objetivo. Ya cerca de la presa atacan a la velocidad de un rayo. Y el insecto, de repente, desaparece de la escena.

in a smooth snake-like fashion. The tail should never be touched: the galliwasp will give it away at the slightest pressure. This is a very thick tail, and growing it anew takes up a large share of the lizard's energies.

Hiking through a Puerto Rican forest we can find still another kind of lizard, a very small one, which quickly disappears under the nearest fallen leaf. If we remove some debris we might be lucky enough to see one of the eight species of *sphaeros* living on this island (an additional 80+ species live in Central America and the rest of the Antilles). Sphaeros are among the smallest lizards in the world; one of the Puerto Rican species is only one and a half inches long, tail included!

In sphaeros the two sexes are often of different color and pattern. The male of one species has a mahogany-colored head and a pair of black-and-white eye-like drawings on the shoulders; perhaps a gimmick to frighten or disorient would-be predators. The female, however, is pale creamy, her back covered with thin black lines.

The hunting tactics of these miniatures is similar to that of the anoles, but their initial approach is so careful as to take several minutes just to cover a few inches. If we are not sufficiently watchful, it would seem they are not moving at all. But they are, and the delicate little legs slowly advance, like flowing honey, towards the target. When near enough, the sphaero makes a quick dash forward, and the insect, suddenly, just isn't around anymore!

Las serpientes

Es bien raro que a una persona las serpientes le resulten simpáticas; por el contrario, dan miedo. Quizás haya varias razones para esto, la más importante es que algunas son venenosas. El

Snakes

The average person is hardly ever sympathetic to snakes; they inspire respect. There are maybe several reasons for this, and the most important is that some snakes are venomous. The fact

Hace sólo unos pocos años se descubrió que la culebra de jardín posee veneno; éste es tan debil, que apenas sirve para apurar la muerte de presas muy pequeñas.

Only a few years ago, it was discovered that the Puerto Rican groundsnake possessed a venom; it is so weak, however, as to be useful only to hasten the death of very small prey.

hecho de que ellas se deslicen de manera tan silenciosa y que sean de hábitos generalmente nocturnos no hace más que empeorar la situación. A lo anterior se debe añadir que las serpientes devoran sus presas vivas y enteras, y que por lo general están dispuestas a defenderse lanzando una dentellada enérgica. ¡La combinación de

that these animals slide their way through life in such silence, and have nocturnal habits, just worsens our attitude. To this must be added the fact that snakes swallow their prey whole and alive, and are generally quite willing to defend themselves with an energetic bite. Not a happy combination of traits!

peculiaridades invita al respeto!

En Puerto Rico viven nueve especies de serpientes. Dos de ellas son venenosas, pero sus toxinas son tan débiles que hasta hace pocos años se las consideraba no-venenosas.

La mayor serpiente de la isla —y una de las no venenosas— es el culebrón, que alcanza la muy respetable longitud de 2 metros. Se trata de una boa, y otra especie hermana —de talla algo menor—habita la isla de Mona. Pesado y lento, el culebrón pasa el día entero durmiendo, y caza durante la

Puerto Rico is home to nine different kinds of snakes. Two of them are poisonous, but their venom is so weak that, until just a few years back, they were classed among the nonpoisonous.

The largest snake on the island—a fully nonpoisonous species—is the Puerto Rican boa, which reaches a respectable six feet. A somewhat smaller sister species lives on the island of Mona. Heavy and slow-moving, the Puerto Rican boa sleeps during all the daylight hours, and hunts at night. For this it uses a sensory organ completely

noche. Para ello se asiste de un órgano sensorial que falta en nosotros: un detector de calor, que funciona como un termómetro a distancia. Podría decirse que el culebrón "ve" el calor. Sus "ojos-para-el-calor" están situados alrededor de la boca, entre las escamas que bordean el labio superior. Gracias a esta maravilla puede, en plena oscuridad, conocer exactamente dónde están los animales de sangre caliente: aves y mamíferos. Entre sus víctimas están los murciélagos, y por eso es común encontrarlo en las cuevas.

En plena noche el culebrón a veces ataca a polluelos o gallinas adultas. Cuando esto ocurre, la gallina siempre arma un escándalo, y como resultado, se mata al culebrón. Esta es una de las razones por las que hoy estos animales son tan escasos. Cada una de estas serpientes, por otro lado, consume cada año una enorme cantidad de ratas y ratones. Aunque con ello brindan un gran beneficio a nuestra salud, lo hacen en un silencio tal que nadie se entera, por lo que su fama no mejora. Esto, sin embargo, es buena razón para verlo con agrado. Las gallinas y polluelos, por otro lado, siempre pueden ser protegidos con una malla metálica.

Al culebrón y la boa de Mona les sigue en tamaño la culebra sabanera. Ésta —que no es la hembra del cule-

La culebra sabanera también porta veneno. Su mordida es inofensiva para la mayoría de las personas, pero a otros ha llegado a causar enfermedad.

The Puerto Rican racer also carries venom. Its bite is harmless to most people, but to others it has caused serious illness.

alien to us: a heat detector, which functions like a long-distance thermometer. We could say that it "sees" heat. Its "heat-eyes" are all around the mouth, between the scales that border the upper lip. Thanks to this marvel,

El culebrón es el mayor vertebrado que habita Puerto Rico. Al devorar gran número de ratas y ratones aporta un gran beneficio.

The Puerto Rican boa is the largest vertebrate on the island. By devouring a great number of rats and mice, it is highly beneficial.

the snake can pinpoint, in pitch darkness, the exact position of warm-blooded animals, such as birds and mammals. Common among its prey are bats, and a boa is thus not a rare sight in some caves.

At night, the Puerto Rican boa sometimes attacks poultry. When this happens, the hen—for example—puts up a great scandal. As a result, the snake is killed. This is one reason why these snakes are today such a rarity. Each boa, though, every year eliminates an enormous number of mice and rats. Even though this is of great benefit to public health, it doesn't improve the boa's reputation, since it all occurs in

brón, sino otra especie diferente—, es de hábitos diurnos. Aunque no es abundante, la culebra sabanera vive en casi cualquier bosque; tanto en aquellos que son secos y están a la orilla del mar, como en los muy lluviosos que están en lo alto de las montañas. Lo común es encontrar a la culebra en movimiento, pues es activa en la búsqueda de alimento: lagartos y ranas. Para matarlos con rapidez cuenta con un veneno poco potente.

Cuando se encuentra una culebra en el campo, es mejor no molestarla. Ella nunca ataca a las personas; por el contrario, apura el paso y desaparece de la vista al momento. Pero si se la agarra mal o se la arrincona, no demora en dar un mordisco. El veneno, aunque es inofensivo para muchos, puede afectar a otros. De hecho hay personas que han sido hospitalizadas a causa de su mordida.

Otras cinco serpientes puertorriqueñas, llamadas *culebritas ciegas* o *culebrillas*, llevan vidas clandestinas. Alcanzan sólo unos 20 centímetros de longitud, y para descubrir una es necesario voltear piedras inmensas o grandes troncos caídos. La cola de las culebritas ciegas termina en una espina corta, pero inofensiva. Al ser capturadas se retuercen y tratan de pinchar al captor, pero la espina ni se encaja en la piel ni llega a producir dolor. Por ser tan pequeñas y casi no tener ojos, las culebritas ciegas a veces son confundidas por lombrices de tierra. Pero una inspección ligera revelará el cuerpo cubierto de escamas y la lengua —que

complete silence. It is, however, sufficient reason to look at the snake with great pleasure. Poultry, after all, can be protected with a wire mesh.

Next in size comes the Puerto Rican racer. Unlike the boas, this snake hunts in broad daylight. Although never abundant, the racer can be found in almost any forest; the dry ones near the coast, and also the humid ones high in the mountains. It is usually discovered on the run. This is a snake that actively searches for its food: lizards and frogs. To kill these quickly, it is armed with a mild poison.

When a racer is discovered in the field, it is wise to leave it alone. It never attacks people; on the contrary, it speeds up and quickly gets out of sight. But if it is cornered or grabbed incorrectly, there will be no delay to a strike. And, in fact, some people have had to be hospitalized due to a bite.

The so-called *Puerto Rican blindsnakes*—five kinds of them—lead clandestine lives. They reach at the most only 8 inches, and to find one it is necessary to flip over many big stones or fallen tree trunks. The blindsnake's tail ends in a short but totally inoffensive spine. If handled, the snake will twist and turn trying to pinch the aggressor, but the spine will not pierce the skin or cause any pain. Being so small and eyeless, a blindsnake is sometimes taken for an earthworm. But a closer inspection will reveal the scaly covering of the body and a forked tongue flicked out every now and then.

The eyes of a blindsnake are but a

sacan a menudo— en forma de Y.

Los ojos de las culebritas ciegas son pequeños puntos negros debajo de la piel, que apenas les sirven para distinguir la luz de la oscuridad. En realidad no los utilizan sino para huir, precisamente, de la luz. Las culebritas ciegas se alimentan de comejenes y hormigas que capturan bajo tierra. En la noche se las puede ver sólo de rareza, moviéndose sobre el suelo, pero al momento se esconden.

La última serpiente, que podemos llamar *culebra de jardín*, es de unos 30 centímetros de largo y carácter muy tranquilo: jamás intenta morder, ni aunque se la manipule sin cuidado. Aunque de hábitos diurnos, como único se la encuentra por el día es volteando las piedras mayores. El descubrimiento de su condición venenosa es muy reciente, y la sustancia que carga es tan débil que apenas sirve para apurar la muerte de coquíes y lagartos muy pequeños.

La culebrita ciega o culebrilla pasa toda su vida bajo tierra. Es por entero inofensiva.

The Puerto Rican forest blindsnake spends its entire life underground. It is harmless.

pair of very small black dots just under the skin, barely good for telling light from darkness. Their main use, in fact, is to detect light, and then the snake moves in the opposite direction. The blindsnake feeds on termites and ants, which it captures underground. At night it can only very rarely be observed moving over the forest floor, and then it instantly returns to the underground.

The last snake to be considered is the *Puerto Rican groundsnake*, less than a foot long and of placid character: it will never bite, even if carelessly picked up. Also nocturnal, the groundsnake is usually discovered under stones. Just recently found to be poisonous, its venom is quite weak and only strong enough to hasten the death of a lizard or a froglet.

Amphisbaenians

Puerto Rico has other strange looking reptiles—the strangest, perhaps, of all—and with very private lives. Although lengthy and legless, they do not group with the snakes. Like groundsnakes, amphisbaenians do not have well developed eyes; just a couple of murky spots under the skin. At first glance, the blunt tail is hard to tell from the head. Generally speaking, these critters have such a weird appearance as to have deserved in some parts of the island the name *víboras* (meaning vipers), although they never carry a

La culebra de dos cabezas común tiene en realidad sólo una cabeza, aunque resulta difícil distinguirla de la cola. Es casi completamente ciega, y pasa su vida bajo tierra.

The common Puerto Rican amphisbaena has a great front-rear symmetry, and seems to have two heads. It is almost completely blind, and lives entirely underground.

Las culebras de dos cabezas

He aquí otros reptiles de aspecto extraño —quizás los más extraños de todos—, y de vidas muy privadas. Aunque largos y sin patas, no clasifican entre las serpientes. Tampoco tienen ojos bien diferenciados, sino apenas unas manchitas oscuras casi perdidas debajo de la piel. La cola, de tan roma, resulta difícil distinguirla de la cabeza: de ahí su nombre común. Su porte es tan extravagante que en algunos lugares las llaman *víboras*, aunque nada tienen de veneno. En la isla viven cuatro especies, todas muy raras de encontrar.

Al igual que las culebritas ciegas, las culebras de dos cabezas viven bajo tierra, en completa oscuridad. Son hábiles para construirse sus propios

single drop of venom. Four different species are known to live in Puerto Rico, all very hard to find.

Amphisbaenians, like ground-snakes, live underground in complete darkness. They are experts at tunnel construction, and competent for moving through them in both directions. The skull is made of strong, thickset bones, designed by evolution to open the animal's way through the soil. The amphisbaenian builds its galleries by pressing the soil with its hard head, and can move backwards through them thanks to a complicated set of muscles attached to the skin. They are slow at tunnel construction, but when a termite nest is found, they do not have to move for a very long time: it's the supermarket, and the food is free!

The mandibles of the amphisbaen-

túneles, y capaces de moverse dentro de ellos en ambas direcciones. El cráneo está formado por huesos fuertes, diseñados por la evolución para abrirse camino entre la tierra. Abren las galerías apisonando la tierra con la dura cabeza, y logran la marcha atrás gracias a un complejo sistema de músculos conectados a la piel. Estos animales cavan con lentitud, pero cuando encuentran un termitero no necesitan moverse por mucho tiempo: ¡llegaron al supermercado, y el alimento es gratis!

Las mandíbulas de las culebras de dos cabezas no pueden ensancharse —como las de las serpientes— para tragar enteras presas de gran tamaño. A pesar de esta limitación, y de devorar sobre todo insectos diminutos, las culebras de dos cabezas se las arreglan para arrancar pedazos de presas mayores. Entre las víctimas de su potente mordida y afilados dientes están las lombrices de tierra, los moluscos y las larvas de los grandes escarabajos. Son incluso capaces de morder a un lagartijo o a un coquí.

Las aves

Color, canto y vuelo siempre tienen a las aves a la vista, y su belleza roba simpatías. En Puerto Rico se han reconocido unas 270 diferentes, poco más de un centenar de las cuales anidan aquí. En su mayoría son compartidas con otras tierras cercanas, como Islas Vírgenes, La Española o los continentes americanos.

ian cannot be spread open—like that of a snake—in order to swallow very large prey. In spite of this limitation, and of feeding mostly on small insects, the amphisbaenian is capable of biting off chunks from larger prey. Among the victims of its powerful mandibles and sharp teeth are earthworms, mollusks and the larvae of large beetles. An amphisbaenian is even capable of snatching a bite from an anole or a *coquí.*

Birds

Color, and the ability to sing and fly, keep the birds always in view; their beauty steals our sympathies. About 270 kinds of birds are known in Puerto Rico, a little over 100 of them nesting here. Most bird species are shared with nearby lands, like the Virgin Islands, Hispaniola or the American continents. Many come and go with the seasons, or are occasionally pushed to fly this way by extraordinary weather conditions.

Among the birds that nest on the island, fourteen species are endemic; their ancestors arrived millions of years ago, and were charmed by the rich forest life. Trapped by the ocean, their bodies and habits adapted to the local climate, to the island's fruits, seeds and insects. With time, they became different from their grand-grandparents, and 100 percent Puerto Rican.

The island's forest birds are in minority relative to the froglets and

Muchas de ellas vienen y van con las estaciones, o son ocasionalmente empujadas hasta acá por circunstancias extraordinarias del clima.

Entre las aves que crían aquí hay 14 endémicas; sus antepasados llegaron hace millones de años, y quedaron encantados con la riqueza de los bosques. Atrapados por el océano, adaptaron cuerpos y costumbres al clima de la isla, y a los frutos, semillas e insectos locales. Con el tiempo se hicieron diferentes de sus bisabuelos, y boricuas de purísima cepa.

En los bosques de Puerto Rico las aves están en minoría respecto a los coquíes y lagartijos. Estudios cuidadosos han permitido calcular que por cada 10.000 coquíes y lagartijos hay apenas siete aves. De ellas también depende, sin embargo, la salud de los bosques. Cada bosque es como una ciudad, en la cual las aves sirven de transporte, y hasta de policías. Si ellas faltaran, muchos procesos naturales se detendrían, habría descontrol y desorden, epidemias y hambre. Con el tiempo, habría menos variedad de plantas y animales; los bosques empobrecerían.

Si las semillas de cada árbol siempre cayeran a su sombra, los abundantes retoños tendrían que compartir la luz, el aire y el suelo con la planta madre, y en consecuencia la familia entera crecería malnutrida. Por eso cada árbol tiene la necesidad de dispersar sus semillas. Como esto es un problema muy viejo, las plantas han encontrado muchas formas de solucionarlo. Algunas producen semillas muy

anoles. Careful arithmetic has allowed scientists to estimate that for every 10,000 reptiles there may be as few as seven birds. The forest's health, however, strongly depends on the feathered ones. If a forest is compared to a city, then the birds would be its transport system, and also its police department. Without them, many natural processes would be stopped; things would go out of control; and epidemics and hunger would creep in. With time, the diversity of plants and animals would be reduced; the forests would become poorer.

If the seeds of each tree were always to fall under its own shade, the many saplings would have to share the soil's riches with the mother plant and, as a result, the whole family would grow undernourished. This is the reason each mother plant sends its seeds a certain distance away. Since this is an ancient problem, plants have found many different ways to solve it. Some produce the smallest seeds imaginable, or seeds with "hair" or wings, which are carried by the winds. This "system" works well in places where trees are at a certain distance one from another; but it is inefficient in a tightly packed forest, since there the wind is unable to penetrate the dense covering of leaves. But plants have found ways to overcome this difficulty.

Fruits can be seen as seeds covered with pulp, which for many birds is a delicious morsel. In Puerto Rican forests, the number of trees bearing fruits is quite high. The fruits, it turns

pequeñas, o con pelitos o alas, que son transportadas por el viento. Este "sistema" funciona bien cuando los árboles están a cierta distancia unos de otros; pero es ineficiente en el bosque tupido, pues ahí el viento no penetra el denso follaje. Las plantas, sin embargo, han encontrado la forma de superar el problema.

Las frutas no son sino semillas envueltas en pulpa; y la pulpa, para algunas aves, es un manjar delicioso y nutritivo. La cantidad de árboles y arbustos boricuas que producen frutillos es alta; éstos vienen a ser como la moneda con la que las plantas pagan un eficiente servicio de transportación aviar (y de los murciélagos). Con el fin de anunciar la oferta, las frutas se colorean —justo al madurar para ser transportadas— de amarillo, rojo, azul o negro. Gracias a esto buena parte de las semillas llegan al estómago de algún ave, donde permanecen durante la digestión. Una o dos horas más tarde son descargadas a centenares de metros de distancia de la planta madre. No debe sorprender que algunas de las aves más abundantes de Puerto Rico —como la paloma turca, la reina mora, el canario del país y el comeñame— se alimenten precisamente de frutas. Las semillas, al ser depositadas junto con el excremento, incluso germinan mejor.

Sin saberlo y sin quererlo, otras aves ofrecen un servicio paralelo al de las mariposas; trasladan polen de unas flores a otras, lo cual garantiza que las plantas hijas sean más fuertes. Al igual que ocurre con las mariposas, las plan-

out, are like the currency paid by plants in exchange for a highly reliable express-mail service supplied by birds (and bats). In order to advertise the offer, the fruits change their color when

La reinita mariposera —aquí con una oruga recién capturada— es exclusiva de Puerto Rico. Cabo Rojo.

Adelaide's warbler—here with a recently caught caterpillar—is unique to Puerto Rico.

ripe—ready for transportation—to yellow, red, blue or black. Thanks to this, a good part of them reach the stomach of birds, where they remain during digestion. One or two hours later the seeds are released hundreds of yards away from the mother tree. It should be no surprise that some of the most abundant birds in Puerto Rico—the red-necked pigeon, the stripe-headed tanager, the blue-hooded euphonia and the Puerto Rican bullfinch—feed precisely on fruits. Since the seeds are discharged along with excrement, they even germinate better.

Without knowing or wanting, other birds give a service parallel to

tas ofrecen néctar, y lo anuncian mediante la flor. Las aves especializadas en este servicio son los zumbadores —también llamados colibríes—, de los cuales hay en Puerto Rico cinco diferentes (las demás islas caribeñas tienen un máximo de tres). De alas muy cortas y ultrarrápidas, los zumbadores son capaces de mantenerse largo rato suspendidos en un mismo punto del espacio. Este vuelo, como de helicóptero, les permite detenerse frente a las flores para chupar néctar. Dos de ellos —el zumbador verde y el zumbadorcito de Puerto Rico— son exclusivos de la isla. El primero es de pico más largo y, por tanto, capaz de extraer el néctar de las flores tubulares más profundas.

Hay, además, aves especializadas en cazar insectos. Son ellas las que cumplen, junto con los mántidos, las avispas, los coquíes y los lagartijos, la labor policíaca. Garantizan —y han garantizado durante millones de años— que en los ambientes naturales no haya plagas. También ayudan a controlar el exceso de insectos en las plantaciones agrícolas.

Cada una de las aves insectívoras puertorriqueñas tiene sus preferencias por determinados ambientes —secos o húmedos; boscosos o de hierba; llanos o montañosos— y por ciertos sitios dentro de cada ambiente. El tamaño del

El zumbadorcito es una de las aves más pequeñas del mundo. Esta especie es exclusiva de Puerto Rico. En la foto una hembra da calor a sus huevos.

The Puerto Rican emerald is one of the smallest birds in the world. It is unique to the island. Here, a female warms her clutch.

that of butterflies; they transfer pollen from one flower to another, which results in stronger young plants. As with butterflies, the mother plant offers nectar, and advertises this by means of the flower. Specialized in this service are the hummingbirds, of which Puerto Rico has five different kinds (other Caribbean islands have a maximum of three). With very short and fast-beating wings, the hummers can keep a position in mid-air for a long while. This helicopter-like flight allows them to keep a position right in front of a flower in order to sip nectar at ease. Two of the hummingbirds—the green mango and the Puerto Rican emerald—are endemic to the island. The first of these has a longer bill, and is thus able to collect nectar from deeper tubular flowers.

Other birds are specialized insect hunters. They are the ones that—together with the mantids, wasps, froglets and anoles—are in charge of police affairs. They guarantee—and have guaranteed for millions of years— a plague-free natural environment. Today they also help control the excess of insects on agricultural plots.

Each Puerto Rican insect-feeding bird has its preferences for dry or humid, woody or grassy, lowland or mountainous environments. Furthermore, each likes to hunt in certain areas of each environment. The bird's size, bill shape, sharpness of vision and flight ability all contribute to better success in capturing insects that are large or small, flying or walking, with

ave, el diseño de su pico, la agudeza visual y las habilidades para el vuelo, hacen que cada especie capture con mayor frecuencia insectos grandes o pequeños, voladores o caminadores, blindados o de cuerpo blando. Entre todas, mantienen el bosque en un orden envidiable.

Uno de los comedores de insectos es el sampedrito; tan pequeño y colorido que parece más un juguete. También conocido por los nombres de mediopeso, papagayo, barrancolino y verdador, este pajarillo pasa la mayor parte del tiempo posado donde el follaje es más denso. Si permaneciera en silencio sería casi imposible encontrarlo, pero —para alegría nuestra— emite a ratos un sonido bajo, que recuerda el timbre de algunas casas: "biip-biip". Otras veces produce con las alas otro sonido peculiar, que suena algo así como "brrr-brrr". Su voracidad, además, lo obliga a despegar cada uno o dos minutos para atrapar cuanto insecto pequeño descubre en las ramas más cercanas. Si se le busca bien, no es nada difícil encontrarlo. El animalito bien vale el esfuerzo.

Otras aves insectívoras de pequeña talla son las reinitas o finches. A la mayoría las vemos sólo en los meses de invierno, cuando más de una decena de especies diferentes hacen el viaje desde Norteamérica. A diferencia del sampedrito, las reinitas no se están quietas ni siquiera un segundo. Todo el tiempo revisan cada grieta de la corteza de los árboles, las ramas muertas y el envés de las hojas, en busca de alimento.

soft or armored body. Altogether, they keep the forest in excellent condition.

One of the most outstanding insect-feeding birds is the Puerto Rican tody; so small and colorful that it looks like a miniature toy. It is known on the island as *sampedrito* (little Saint Peter), *mediopeso* ("half-a-buck"), and several other names. This little jewel sits mostly in the shadows under densely packed foliage. If the tody were to remain quiet, it would be impossible to spot, but—to our advantage—it often puts out a buzz-like sound, a kind of "beep-beep." At other times it rattles its wings, producing a low "brrr-brrr." To cap the bliss, the little bird has an insatiable appetite that makes him take off every one or two minutes and, in a short flight, pick up an insect from a nearby branch. If searched for, the tody is not hard to find. And it is a big sight, well worth the trouble.

Warblers are a numerous group of small insect-feeding birds. Most are only to be seen on the island during the winter months when more than a dozen species make the trip from North America. Unlike the Puerto Rican tody, the warblers cannot stay still for a second. During all daylight hours they constantly look for food in every crack in the bark of trees, among the branches, and on the underside of leaves.

The Puerto Rican flycatcher and Puerto Rican woodpecker are also insect hunters. They are both endemic and much larger than the warblers. The first of these birds sits on very high

El juí y el carpintero de Puerto Rico también se dedican a la caza de insectos. Ambos son endémicos, y de mucho mayor tamaño que las reinitas. El primero —una especie de pitirre—, pasa el día entero posado sobre las ramas altas. Vestido de sobrio gris y negro al igual que los otros juíes y pitirres, vigila siempre atento el paisaje a su alrededor. En cuanto aparece un insecto en su campo visual, sale disparado, lo atrapa en pleno vuelo, y regresa a la percha. Si la presa es peligrosa o de cubierta dura —como una abeja o un escarabajo— lo veremos sacudir el pico contra la rama, repetidas veces, a fin de rematarla. Sólo después la acomoda y la engulle. El carpintero de Puerto Rico, de muy vistoso pecho rojo, caza de manera por completo diferente: circula por todo el bosque, deteniéndose a inspeccionar árboles muertos o ramas muertas. En busca de presas hace volar las astillas de madera blanda a puro golpe de pico. Aunque la mayor parte de los pájaros carpinteros del mundo son estrictos comedores de insectos, el boricua evolucionó con la tentación de la abundancia de frutillos, no la pudo resistir e incluye muchos de éstos en su dieta.

Algunas aves puertorriqueñas se alimentan de animales que a su vez son cazadores de insectos. Puede decirse que, al consumir insectos de gran talla, coquíes y lagartijos, ellas juegan el papel de policías de la policía. Dos de estas carnívoras son exclusivas de la isla. Una es el muy bello pájaro bobo mayor, de ojos rodeados por rojísima piel y larga y majestuosa cola. Pésimo

branches for most of the day. Dressed in sober black and gray like most other flycatchers, the Puerto Rican one is always wide-awake to small flying objects. As soon as an insect appears in its visual field, it takes off, grabs it in mid-air, and returns to its perch. If the insect is in anyway dangerous, or hard bodied, the bird will repeatedly shake it against the branch in order to kill it. Only then will it be swallowed.

The Puerto Rican woodpecker hunts in a completely different manner. This red-breasted bird moves constantly across the forest, inspecting dead trees or branches. It lives up to its name in search of prey, hammering softened wood with its stout bill and making splinters fly. Although most of the world's woodpeckers feed mostly on insects, this one evolved in the midst of abundant fruits and could not resist the temptation: it includes much fruit in its diet.

Some Puerto Rican birds feed on animals that, in turn, eat insects. By consuming large insects, froglets and anoles, these birds are checking the work of the police: the police's police, so to speak. Two of these carnivores are exclusive to the island. One is the Puerto Rican lizard cuckoo, a beautiful bird, with bright red skin around the eye and a long, majestic tail. A poor flier, this bird is unfit for gaining altitude, and even for horizontal flight. In search of its preferred food—lizards— the cuckoo jumps up the branches, checking for lizards all the way. Once at the top it then glides to the lower

volador, es incapaz de ganar altura, e incluso de mantener una trayectoria horizontal. En busca de su alimento preferido, lagartijos, el pájaro bobo mayor trepa a saltos de rama en rama, inspeccionando las ramas durante todo el trayecto. Al llegar a lo más alto, planea hasta las ramas bajas de algún otro árbol cercano. La segunda, el múcaro de Puerto Rico, tiene una dieta muy variada; su singularidad está en que —como corresponde a un buho— caza de noche. El guaraguao y los demás gavilanes y halcones consumen todo tipo de aves pequeñas, lagartos y ranas, y brindan un gran beneficio al devorar muchas ratas y mangostas.

Hay aves que no son de monte, sino de agua. Las que viven en Puerto Rico son todas compartidas con muchos otros países. Entre las propias de ríos y lagunas las hay vegetarianas (que no desaprovechan insectos o ranitas), y también carnívoras. Algunas de las vegetarianas, como los gallinazos, son hábiles para nadar y bucear. Otras, como las gallaretas, logran caminar sobre la vegetación acuática sin hundirse. El secreto radica en los larguísimos dedos que distribuyen el peso del cuerpo sobre una mayor superficie.

Las carnívoras acuáticas más comunes son las garzas, de las que hay una decena diferentes. De figura muy esbelta, tienen patas largas que les posibilitan vadear por sitios de escasa profundidad. Allí la velocidad y certeza con que lanzan el pico dentro del agua les permite disfrutar un amplio menú:

branches of a nearby tree. The second predator, the Puerto Rican screech owl, has a varied diet, but then—as proper for an owl—eats at night. The very common red-tailed hawk, and other hawks as well, eat all kinds of small birds, lizards and frogs, and offer a great service by cutting down the number of rats and mongooses.

There are birds that only live near or on water. The water birds found in Puerto Rico are all shared with many other lands. Among those living in rivers and lagoons, some are vegetarian (but do not miss the opportunity to eat an odd insect or froglet) and others carnivorous. A few of the plant-eaters, like the coots, are well-suited for both swimming and diving. Other water birds, like the gallinules, can stand on floating vegetation without sinking. Their secret lies in their very lengthy toes that spread the weight of the body over a much greater surface. Snowshoes keep people from sinking into the snow by the same principle.

The most common aquatic birds are the herons, of which there are about ten different kinds. Tall and slim, unquestionably gracile, a heron has the privilege—given by its long legs!—of wading the shallows. The speed and accuracy with which this bird strikes at animals moving underwater enables it to enjoy an ample menu: all kinds of aquatic insects, shrimp, fishes, frogs.

About a couple of dozen of the bird species known from Puerto Rico are

Martinete. *Green heron.* ▶

Murciélago coludo. *Free-tailed bat.*

todo tipo de insectos acuáticos, camarones, peces, ranas.

De entre las especies de aves boricuas, dos decenas están adaptadas a vivir sobre el mar, y se alimentan principalmente de peces. Algunas, como el pelícano marrón, la tijereta y la gaviota real, se posan ocasionalmente en las arenas o rocas de la orilla, sobre los manglares o en pilotes que sobresalen del agua. Una de ellas, la gaviota oscura, pasa la mayor parte del año en el aire —¡perdida sin perderse . . . !— en el medio del Océano Atlántico. Sólo toca

adapted to live over the sea, and eat mostly fishes. Some, like the brown pelican, the magnificent frigatebird and the royal tern are often seen standing on a sandy beach, rocky outcrop or pier, or perched on the mangroves. One of the seabird species, the sooty tern, spends most of the year on the wing in the wide blue expanses of the mid-Atlantic; lost without being lost! This tern returns each year to the same piece of land for a couple of months to participate in a great reproductive festival. In order to breed, the terns, boobies and

tierra durante un par de meses cada año, para llevar a cabo la gran fiesta de la reproducción. En varias islitas del archipiélago de Culebra —y en la propia Culebra— se reúnen decenas de miles de ésta y otras gaviotas, la boba prieta y el rabijunco. En las muy apartadas islas de Mona y Monito anidan la boba enmascarada y la patirroja.

Los murciélagos

La mayoría de las personas no aprecia los murciélagos. Las ratas causan ya suficiente repulsión, y los murciélagos, no hay duda, parecen ratones con alas. Tampoco ayuda a hacerlos simpáticos la cara arrugada, las orejas desmedidas, ni —en algunas especies— la nariz en forma de oreja. Para colmo, son inmanipulables, pues hasta los de dieta más vegetariana usan sus dientecillos con energía sorprendente. Por si eso fuera poco, se conoce de unos pocos casos en que han estado implicados en la trasmisión de la rabia. Su impacto sobre la vida silvestre, sin embargo, es puro beneficio.

La estricta nocturnidad de los murciélagos y el hecho de que todos sean más o menos pardos, explica que la persona común no distinga una especie de la otra. Pero en la tierra boricua viven 13 especies diferentes de estos mamíferos alados, y cada una de ellas tiene características y costumbres tan singulares como las que distinguen al juí del sampedrito.

tropicbirds gather by the tens of thousands on several islets of the Culebra group, and on Culebra itself. On distant Mona and Monito, the blue-faced and red-footed boobies nest.

Bats

Attitudes toward bats are opposite to those we have for birds. A rat is troublesome enough to like, and bats, no doubt, look like winged rats. The wrinkled face does not help them a bit either, nor the oversized ears, nor the ear-like nose worn by some of the species. To make things worse, bats are nearly impossible to handle, since even those of vegetarian diet put their little teeth to use with remarkable energy. On top of all this, they are known to have transmitted rabies—true but from a few cases. Their impact on wildlife, however, is—overall!—a godsend.

Being mostly nocturnal, and brownish to grayish, it is no surprise that the majority of people cannot tell one bat species from the next. But Puerto Rico is home to thirteen different kinds of these winged mammals, and each one of them has as many singular characteristics and habits as those separating a bullfinch from a tody.

Among Puerto Rican bats, one lives on a very narrow diet of fishes and aquatic insects, seven are experts at capturing insects in mid-air, four feed mainly on fruits, while the last one is specialized in sipping nectar. This last

De los murciélagos puertorriqueños, uno se alimenta de peces e insectos acuáticos, siete capturan insectos en pleno vuelo, cuatro consumen principalmente frutas y el otro está especializado en chupar néctar. Este último no tiene el pico de los zumbadores, y alcanza el líquido azucarado con la muy larga lengua.

El mayor de todos es el murciélago pescador. Aunque mide unos 60 centímetros de punta a punta de alas, pesa lo mismo que un huevo de gallina. El más pequeño se alimenta de insectos y lleva el complicado nombre de *Pteronotus quadridens*. De punta a punta de alas alcanza apenas la longitud de un lápiz nuevo, y se necesitaría una docena de ellos para equiparar el peso de un huevo.

Los murciélagos que se alimentan de frutas cumplen una importante tarea en los bosques boricuas. Al igual que las palomas y la cotorra, dispersan las semillas —luego de varios minutos de vuelo— en otras partes del bosque. A menudo las semillas también germinan mejor después de pasar por los intestinos, como ocurre con las del yagrumo hembra. Este árbol, de crecimiento rápido, permite al bosque recuperarse tras los daños ocasionados por los huracanes; su presencia evita que las lluvias subsiguientes arrasen con la capa de tierra. Murciélago y planta se han asociado a lo largo del tiempo para beneficio mutuo, y para el de todos los integrantes del bosque.

critter does not have a long bill like the hummingbird, but reaches the sugary liquid with a rather long tongue.

The greater bulldog bat (the accomplished "fisherbat") is the largest of them all. Although with a respectable two-foot wingspan, the animal only weighs as much as a chicken egg. The smallest bat on the island—one of the insect feeders—is known to zoologists by the complicated name of *Pteronotus quadridens*. From wing tip to wing tip it measures about as much as a brand-new pencil, and a whole dozen of them would be needed to equal the weight of an egg.

Bats feeding on fruits have an important role in Puerto Rican forest life. Like pigeons and parrots, the bats disperse the seeds—after minutes of flight—in other parts of the forest. Quite often, the seeds germinate better after passing through the bat's gut, as with those of the trumpet tree. This tree is of rapid growth and allows the forests to quickly recover a canopy of leaves after the damage caused by hurricanes; it protects the soil from being washed away by subsequent rains. Bats and plants have thus become partners for mutual benefit, and for the benefit of all forest inhabitants.

Orquídeas *(Tolumnia variegata).* ▶

Orchids.

Para terminar

To conclude

En este libro se han presentado numerosos animales puertorriqueños, y algunos hongos también. Las extravagancias de sus formas y colores son, no hay duda, de mucho agrado. Pero mejor es disfrutarlos en vida y en su ambiente natural. Allí el número de animales es mayor, y cada uno nos muestra su oficio en la muy intrincada madeja de la vida. No es raro descubrir uno que aún no tiene nombre, totalmente desconocido para los científicos.

▲ Lagartijo de Guánica (macho).
Guánica anole (male).

◄ Paisaje montañoso de Real Anón.
Mountain pass at Real Anón.

El gongolí gigante, el caculo y la mariquita no son por sí mismos inteligentes. No pueden resolver 3+2, son incapaces de hablar, ignoran su propia historia, y jamás fabrican autos ni computadoras. De cuando en cuando, además, los animales hacen alguna gran tontería, como pretender cruzar una autopista a paso de jicotea, o revolotear durante horas alrededor de una bombilla eléctrica. Pero en el bosque sus cos-

Many different Puerto Rican animals have been presented in this book, and some fungi as well. Their extravagant ways and colors are, no doubt, very pleasing. But a lot better is to enjoy them alive, in their own wild environment. There the number of animals is much larger, and each will show its role in the very intricate web of life. Quite often, it is even possible to find an animal not yet discovered by scientists, one that does not even have a name.

A millipede, a beetle or a bird are not, loosely speaking, intelligent. These animals are unable to resolve 3+2, cannot speak, ignore their own history, and never build computers or automobiles. To make things worse, every now and then they do something really silly, like crossing a highway at a slow pace, or flying persistently in circles around an electric bulb. But in the for-

tumbres asombran: cada uno consigue su alimento; logra encontrar un individuo del sexo opuesto y procrear; y se las arregla para enmascararse y pasar inadvertido, o para anunciar a todo color su condición peligrosa.

Los murciélagos de cada especie, sin poseer reloj digital, salen a diario de lo más profundo de las cuevas justo a la misma hora. Los comejenes no tienen en sus sociedades ingenieros que hagan cálculos, ni arquitectos que dibujen planos, pero construyen "edificios" resistentes e impermeables, con una ventilación tan perfecta que la temperatura en su interior siempre se mantiene fresca. Los lagartijos son incapaces de fabricarse zapatos deportivos, pero tienen en la superficie inferior de sus dedos cientos de miles de ganchitos microscópicos que les permiten corretear sobre el tronco de los árboles, o escalar una pared, sin caer jamás.

El tiempo —los millones de años— ha permitido a los animales desarrollar increíbles habilidades, adaptarse unos a otros, a las plantas y también a los distintos ambientes. Cada bosque boricua está poblado por centenares y hasta miles de seres diferentes. En un año cualquiera, ésta o aquella planta o animal puede escasear, mientras que otras especies son abundantes. Al año siguiente puede ser al revés. Los seres que integran estos bosques se sobreponen a los días de calor y de frío, sobreviven la sequía, y se recuperan hasta de un huracán. Y todo esto ocurre sin que jamás se produzca contaminación; los comejenes, hongos y bacterias reciclan

est their habits are surprisingly efficient: each manages to locate food; to meet with an individual of the opposite sex and mate; to mask itself and go unnoticed; or to yell out—in full color—its dangerous nature.

Without the need of a wristwatch, every species of bat leaves its pitch-black sleeping quarter at about exactly the same time every evening. In termite societies there are no engineers to calculate things nor architects to draw up the graphics, but they manage to make quite solid "buildings" that are waterproof, with such good air circulation that the interior temperature is fresh even on a hot midday. The anole lizards cannot make themselves any athletic shoes, but at the undersurface of the tip of each toe they have a pad with thousands of very fancy microscopic threads. These threads allow the anoles the privilege of running vertically up and down tree trunks, or over a wall, without ever falling to the ground.

Time—millions of years—has allowed the animals to develop incredible abilities and adapt to each other, to the plants and also to different environments. Each Puerto Rican forest is crowded with hundreds and even thousands of different animals. In any given year, this or that plant or animal can be scarce, while some others are abundant. The next year things can be the other way around. The creatures that live in these forests survive days of heat and cold, drought, and even make it through a hurricane. All this hap-

todos los desechos. Los humanos tenemos mucho que aprender de los otros seres vivientes.

En tierra puertorriqueña los zoólogos hasta hoy han reconocido más de 5.000 animales diferentes. Posiblemente todas las mariposas, ranas, lagartos, aves y murciélagos que viven en los bosques tienen ya nombre, aunque poco se conoce de sus vidas. Del resto de los animales no sabemos casi nada; y se sospecha que hay una gran cantidad de ellos aún por descubrir. En el mar que rodea la isla hay decenas de miles de tipos de crustáceos, cientos de peces y esponjas, decenas de corales y estrellas de mar, varias tortugas, el delfín y el manatí. Hay también ballenas visitantes.

Cuando se camina despacio por un bosque de Puerto Rico hay siempre sorpresas por montones, en su inmensa mayoría buenas. Hoy podemos observar el nacimiento de una mariposa, y la disputa entre dos lagartijos por un territorio de caza, con gimnasia fuerte, mostrándose uno a otro la colorida gaita y la enrojecida lengua. Mañana . . . ¡quién sabe qué otra maravilla! Los peligros que implica esta actividad —la picada de una avispa, la rozadura con una ortiga brava— son por lo común evitables, o de poca importancia. Los premios, sin embargo, son grandes.

Los animales boricuas dan placer a los ojos, al oído, al olfato. Sirven de alimento, junto al paisaje general, a poetas y pintores de ejercicio, y al poeta y pintor que cada uno de nosotros tiene —adormecido— dentro. Observar sus

pens without pollution; the team of bacteria, fungi and termites recycle every scrap. We humans have much to learn from other living creatures.

On Puerto Rican soil zoologists have recognized more than 5000 kinds of animals. All the butterflies, frogs, lizards, birds and bats probably have a name, although little is known about their habits and lifestyles. Of the rest we know practically nothing aside from their name and whereabouts. A good many species still remain to be discovered. Additionally, tens of thousands of kinds of crustaceans, hundreds of fishes and sponges, dozens of corals and sea stars, several turtles, the bottlenose dolphin, and the manatee live in the waters that surround the island. Whales come visiting.

Going for a walk through a Puerto Rican forest you are in for many pleasant surprises. Today we can watch the birth of a butterfly, and a quarreling pair of male anoles, each showing off with strong gymnastics, displaying its colorful throat fan and sticking out a bright red tongue. Tomorrow . . . who knows what other wonders! The dangers posed by this activity—the sting of a wasp, the itch after brushing against a stinging nettle—are largely avoidable, and of little import. Prizes are big.

Puerto Rican animals give pleasure to the eyes, to the ears, and to the nose. Along with the general landscape, they are the food of active poets and painters, and of the dormant poet and painter that each one of us has inside.

costumbres es un regalo a nuestra inteligencia. Por si fuera poco, toda la vida salvaje nos garantiza, de manera gratuita, la limpieza del aire y su enriquecimiento con oxígeno; la calidad del agua, tanto de ríos y lagunas como la subterránea; la bondad del suelo, que permite el desarrollo de la agricultura y la ganadería, y que absorbe, como esponja, el exceso de lluvia.

En ambientes naturales viven los animales que al visitar las flores permiten la fecundación de las plantas, otros que transportan semillas a grandes distancias, y otros aún que controlan los excesos de insectos que pudieran ser plagas de los cultivos. Los científicos han calculado que en un área de bosque boricua de la extensión de un parque de pelota viven hasta 50.000 ranas y lagartos, que devoran cada día cerca de medio millón de insectos.

Los bosques suministran, además, madera, pulpa y resinas útiles para la industria. Son, por último, como un inmenso almacén viviente, donde mañana podremos descubrir las sustancias para curar muchas enfermedades.

¿Qué sería de Puerto Rico si le quitáramos el suelo y los hongos, los árboles y los insectos, los lagartos y las aves? Junto con ellos se perdería el paisaje verde, la brisa fresca, el agua de los ríos. Desaparecerían también las flores y sus fragancias, los cantos que animan el día, los enigmáticos repiqueteos y silbidos que abarrotan la noche. La isla apenas sería un gran pedazo de roca sobre la cual nadie, absolutamente nadie, querría vivir.

Watching their habits is a present to our personal intelligence. Just in case this were not enough, this wildness guarantees—all free of charge!—the cleanliness of the air and its rich oxygen content; the quality of the waters, both lake and river, and the ones that flow under the ground; and the virtues of soil, which allow the development of agriculture and absorption—like a sponge—of excess rainwater.

The wilderness also contains animals that visit the flowers and fertilize plants, others that carry seeds a great distance, and still others that control the number of insects that could turn into plagues. Scientists have calculated that in an area of Puerto Rican forest the size of a baseball field, up to 50,000 frogs and lizards live that devour about half a million insects each day.

The forests also provide wood, pulp and industrially useful resins. Lastly, they are like a living warehouse where tomorrow we can discover drugs capable of curing many diseases.

What would remain of Puerto Rico if its soil and fungi, trees and insects, lizards and birds were taken away? Also gone would be the greenery of the landscape, the fresh breeze, the water of the rivers. The flowers and their fragrances would also disappear, as well as the songs that enliven the sunny hours, and the enigmatic shrills and whistles that fill the night. The island would turn into a huge rock on which no one, absolutely no one, would want to live.

Cerro Maravillas. ▶

Agradecimientos
Acknowledgments

Las siguientes personas tuvieron la amabilidad de leer y criticar versiones algo crudas del manuscrito: Coloma Araújo, Carmen Asencio, Alfonso Carrero, Márilin Colón, Román Company, Miguel A. García, S. Blair Hedges, Beatriz Hernández, Luz Hernández, Manuel Leal, Ross D. E. MacPhee, Antonio Pérez-Asso, David Ramos, Rubén Regalado, Ana Román, Jaime R. Rosario, Amador Ruiz, Vivian Santiago-Vélez, Luis Arturo Silva, Mauricio Silva y Richard Thomas. Gracias a ellos el número de imprecisiones es ahora menor, y el texto deberá ser potable, espero, para los lectores boricuas de entre doce y dieciocho años, a quienes en definitiva va dirigido. Mi supersobrino Luisi, la única persona once-añera que conozco capaz de enfrentar borradores sin fotografías, protestó con tino ante varios párrafos oscuros, que fueron reparados. Muchas otras personas ayudaron de mil maneras diferentes, y entre ellas debo mencionar a Caroline Alexander, Christina Henry, John Holod, Brant Kilber, Gary Markowski y F. Javier Saracho. Norma Padilla y Bonnie Hayskar

Algodoncillo. *Red milkweed.*

The following persons took the kind trouble of critically reading rather crude versions of the manuscript: Coloma Araújo, Carmen Asencio, Alfonso Carrero, Márilin Colón, Román Company, Miguel A. García, S. Blair Hedges, Beatriz Hernández, Luz Hernández, Manuel Leal, Ross D. E. MacPhee, Antonio Pérez-Asso, David Ramos, Rubén Regalado, Ana Román, Jaime R. Rosario, Amador Ruiz, Vivian Santiago-Vélez, Luis A. Silva, Mauricio Silva, and Richard Thomas. Thanks to them, inaccuracies have dropped in both number and size, and the text should be palatable—so I hope—to the twelve- to eighteen-year-old *Boricuans* to whom it is actually addressed. My supernephew Luisi, the only eleven-year old of my acquaintance capable of facing the draft without the photographs, accurately complained at a few obscure paragraphs, which were repaired. Many other people assisted in a hundred different ways, and among them I would like to mention Caroline Alexander, Christina Henry, John Holod, Brant Kilber, Gary Markowski and F. Javier Saracho. Norma

se encargaron, con el esmero de siempre, de enderezar mi sintaxis híbrida.

Víctor L. González y John Guarnaccia presenciaron y asistieron el desarrollo del material, desde que fue una simple idea, frágil y efímera como una mariposa, hasta su impresión final, cuyo peso total, en la primera edición, quizás sea comparable al de un rinoceronte. A ambos les llegue un agradecimiento de este tamaño.

Como las palabras no "pesan" lo mismo en idiomas diferentes, ni son igual de bellas, la traducción de este libro (español a inglés) no es literal. La misma no es producto de diccionario, reglas y procedimientos, sino de sentimientos, instintos y quizás también del olfato. Aunque resulta paradójico, de esta manera el resultado es mucho más equivalente, sin que se haya perdido cualquier encanto presente en el original.

Padilla and Bonnie Hayskar straightened out, with the usual heed, my hybrid syntax.

Víctor L. González and John Guarnaccia witnessed and assisted the conception of this book, since it was a simple thought, as fragile and ephemeral as a butterfly, until the printing, whose total weight in this first edition is perhaps comparable to that of a rhinoceros. To both, my equally ponderous gratitude.

Since words have a different "weight" in every language, and may not be equally beautiful, this book's translation (from Spanish to English) is not literal. It is not the result of a dictionary, some rules and procedures; but rather of feelings, instinct, and maybe even olfaction. Although this might seem paradoxical, in this way the result is more equivalent, without ever wearing off any of the charm the original might have had.

Equivalentes de medidas

Measurement Equivalents

Culebrón - 2 metros/6 pies   *Puerto Rican boa* - 2 meters/6 feet

Iguana de Mona - 1 m/3 pies   *Mona rock iguana* - 1 m/3 ft

Murciélago pescador - 60 cm/2 pies   *Greater bulldog bat* - 60 cm/2 ft

Lagartijo gigante - 40 cm/1,3 pies   *Puerto Rican giant anole* - 40 cm/1.3 ft

Jicotea - 30 cm/1 pie   *Antillean slider* - 30 cm/1 ft

Culebrita ciega - 20 cm/8 plgs   *Blindsnake* - 20 cm/8 in

Gongolí de árboles - 15 cm/6 plgs   *Arboreal millipede* - 15 cm/6 in

Caracol de Puerto Rico - 7 cm/3 plgs   *True caracolus* - 7 cm/3 in

Salamanquita - 4 cm/1,7 plgs   *Sphaero* - 4 cm/1.7 in